万物不及你可爱。

我會走得很遠,

遠過那些山丘,遠過這些大海,

直到靠近星星,成為星星,

有稜有角,在黑暗中閃閃發光。

世界或琳瑯滿目,或黯然無色,

可我永遠是逆著風奔跑的星光。

# 治癒之書

萬特特

花不是為花店而開，
人有各自的月亮。

人不可能每一步都正確，
走錯路、愛錯人、做錯事都沒關係。
不必回頭看，也不要批判那時候的自己，
就算重來一遍，以當時的心智和閱歷，
還是會做出差不多的選擇。

前言

# 變好這件事，
# 永遠是正在進行式

「有時候我也不明白，入行十年，頂著從未被人看好的狀態，如何一直奔跑到了現在，且跑得還算穩當。」

編輯說：「哇，十年了，出個紀念冊吧！」

「普通女孩的十年有什麼好看的。」

「反而是普通人的成長之路，才有參考價值。」

我承認她的話打動了我，於是有了這本《治癒之書》。

這幾年深刻地感覺到自己「開竅」了，於是開始忙著「重啟人生」。

具體到現在，可以真正掌控的事情一點一點變多：從堅定自己熱愛的工作，建立舒適的朋友群，到從不適合的社交中抽離，再到建構平衡的生活節奏。

這些生活板塊由點連成線再構成面,如今我腦中有了關於自己清晰的畫面。

在這個過程裡,我意識到主動和行動,是人生越變越好的奧義。

它們意味著一個人的腦子開始轉了,對自己的生活有改變與掌控的欲望,想推動身邊的人、事、物往自己想的方向走。

境隨心轉。

當你把自己的狀態調到「主動」這一檔的時候,你會對周遭事物有更多抑制不住的關注與好奇心。抓住每一個稍縱即逝的念頭——想到了就立刻執行,決定了就馬上出發,然後不停發現人生新的故事和可能。保持積極互動與發掘的狀態,專注自己腳下的每一步和下一步,沒有焦慮、糾結和怯懦。

這樣的你,是可以四兩撥千斤,打好手中的牌,並扭轉結局的。我一直相信,人可以透過自己的意願與付出過上想要的一生。

你的行動決定了世界回應你的方式。主動向宇宙發射信號,你所有隱秘的期待都會成真。你的宇宙愛你,是你愛自己的 1000 倍、10000 倍,它無條件地寵你。這一生你取悅自己所需要的一切,它都早早為你準備好了。

請你隨時隨地提升能量，想要什麼，就直接大膽要。成長是一場冒險，主動的人，會先得到獎勵。

每當有小女孩給我留言關於成長的問題，比如「感覺自己十分的努力都趕不上別人用力一分，因此感到沮喪」、「同學們畢業後都發展得很好，我很自卑」，又或者「根本看不到未來」時，我其實想說，大部分的人，都不是踩著紅毯長大的，你所能感知的一切失落，都是不可避免的。

我不喜歡這幾年流行的「擺爛」這個詞。人一旦墮落，哪怕只是短暫的幾年，上天就會以最快的速度，收走你的天賦與力量。

不希望你停下來，癱在泥濘裡什麼都不做，你應該爬起來，一步步往前走，抓住每一個靈感，突破每一種可能，哪怕一路顛簸。

還有一點，所有女孩要畫重點，那就是不被年齡所捆綁，也不被境遇所限制。

少女感是註定會流失的東西，隨它去吧！女性應該擁有自己獨特的品格，比如力量、智慧、友善、寬容、敏捷。

女性的成長應該不止一面，永遠都要向前一步，更大膽地去探索自己應該擁有什麼，要經常對自己說「我很棒」、「我

值得擁有」、「誰和我在一起，都會擁有很多生活的樂趣，獲得內心的平靜和幸福；誰弄丟我，我都不會認為是我的遺憾、損失，是他傻罷了」。

　　自己的功課自己修，自己的江湖自己闖。變好這件事，永遠是正在進行式。

　　共勉，女孩們！

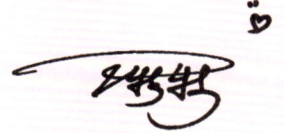

你要做一個灑脫的女生,不動聲色地打理好自己,
花謝了,要修剪枝葉;葉落了,要保持枝幹的骨感。

不必歌頌苦難,
也不要相信壓力能轉化為動力,
你的壓力只會轉化成病歷。

人真正的動力,
源於內心深處對於快樂和興趣的追求。

目錄

024 ── 「社恐」會帶來自由

028 ── 高品質的戀愛

034 ── 一樣拿得出手的東西

040 ── 樹洞也想喘口氣

046 ── 相由「薪」生

048 ── 愛自己,是不討厭自己的雙下巴

056 ── 社群個人動態僅限動可見

062 ── 才不是「單身狗」呢

068 ── 悄悄地把尾巴藏起來

072 __　　光鮮亮麗的自媒體們

076 __　　我說大海很漂亮，你說淹死過很多人

082 __　　人生呀，總是先苦後甜的

088 __　　真誠永遠是必殺技

092 __　　愛慕虛榮這件事

096 __　　有人花前月下，有人花下個月的錢

100 __　　戀愛和頭髮都越來越少

118 __　　50 封女孩的私訊 / 上篇

　　　　　你時常問，我永遠答

128 __　　臉上笑嘻嘻，心裡「去你的」

132 __　　別踮著腳尖愛一個人

136 __　　無趣像一種絕症，連知識也解不了它的毒

140 __　　18 歲到 28 歲

144 __ 賺錢，是給自己謀膽

150 __ 心裡沒你的人

154 __ 過得像照片裡一樣好

158 __ 路還長，需要你加把勁

164 __ 告別比告白還要難

168 __ 信神信鬼信星座，就是信不過自己

172 __ 會點人情世故，沒壞處的

176 __ 懂事才不是什麼美德

182 __ 別惹人煩

184 __ 未必真的需要，只是想消費而已

188 __ 50 封女孩們的私訊 / 下篇

未來還要陪伴一年又一年

196 ___ 你為什麼不開心

200 ___ 逃不掉的原生家庭

206 ___ 莫欺中年窮

210 ___ 成年人說話要帶腦子

214 ___ 被愛的人，不會皺巴巴

218 ___ 「祝你」找到一個有錢的男朋友

222 ___ 別當軟柿子

230 ___ 性格敏感

240 ___ 多出去走走

244 ___ 一個有點土的祝福

250 ___ 21 條閃著光的讀者留言

歡 迎 來 到 閃 著 光 的 世 界

# 「社恐」會帶來自由

村上春樹在《我的職業是小說家》裡寫道:「無論你是否『社恐』、有哪種『怪癖』,都可以作為我們生存在世間的準則。」

也就是說,無論你是因為什麼原因「社恐」,最重要的是,你要從內心深處接納自己,找到適合自己、讓自己舒服的生存方式。

你很難有真正的性格上的突破,哪怕你去做突破自己的行為,但你是帶著極大的心理內耗去做。

你真正需要做的,不是刻意逼著自己合群,而是找到自己身上的閃光點,認可自己,做一個善待自己的人。

證明你擁有的人脈,不是社群軟體動態牆裡有多少和名人的合影,而是當你遇到問題時,有多少人願意幫你;決定你社

群軟體動態層次的，不是你和誰握手拿到名片，而是你自己有多少本事。

人脈不在別人身上，而藏在你自己身上，唯有你變得厲害，才能交到厲害的朋友。

別錯把認識等同於認可，更不要將人生的轉捩點冀望於通訊錄，再多「大咖」的名片也換不來一個面試機會，打再多招呼也未必能擁有一個真心朋友。

就算你看起來誠心誠意，出錢出力，就算你苦心經營，努力攀上高枝。可結果呢，除了更長的通訊錄、更吵的通訊軟體群組，更多的廣告之外，你什麼都沒有得到。

20歲的時候，我們以為多個朋友就會多一條出路，等你到了30歲就會知道，友情和愛情一樣，都無法真正地拯救你。

人的一生，大部分的時間都在獨處，所以不管願不願意都得接受現實。為了讓自己顯得不那麼社恐就去參加各種社交，讓自己融入根本就不喜歡的圈子，說著違心的話，喝著傷身的酒，這樣的社交，與其說無用，不如說是在浪費時間。

別去做一些無用的社交了，那樣不過是自我安慰罷了。費盡心思去結交那些所謂的名人，處處陪上笑臉巴結討好，真的就有用了嗎？笑到最後的不見得都是贏家，也有可能是小丑。

只有當你真正變優秀了，跟那些名人在同一個層次，你的

社交才能真正有效。不然你那不叫人脈，叫通訊錄。

如今再看，帶一點「社恐」的個性也沒什麼不好。它像是一種看不見的分寸感，能夠帶給我們相對屬實的社交距離，不需要一上來就熱絡，而是人和人相互建立起信任。

如果你看見我走了過來，卻沒有要迎接我的意思，那我就會停下來。這種程度的「社恐」，能夠維護一個人內心的自我保護機制，也能讓兩個人保持一種舒適的狀態。

帶著這樣的分寸感去和這個世界打交道、交朋友也挺好的。走得近更好，走不近那就保持點頭微笑，互相介紹名字，聊聊星座，聊聊天氣，然後說「再見」，沒關係的。

社交只是一個過程，而不是你的目的。

患有多年「社恐」的我，從前會覺得自己說出「我想自己待一下子」、「我先回去了」這種話很掃大家的興，但現在我不會有這樣的心理負擔，我只是合理表達了自己的訴求，我只是在尊重自己的感受，至於別人，祝你們歌唱到天明！

我在人群裡，「社恐」且自由。

「網路上大膽發言，現實中唯唯諾諾」是很多年輕人的寫照，在資訊化的時代，面臨的壓力總是要更大一些，我們想要

更多的自處時間，有更多的時間來進行自我沉澱、自我成長。

所以現在理解「感官超載」了吧！就是有的人在經歷完一段社交活動後，感覺身心疲憊，想安靜地待上幾個小時，這期間不想和人交談、不想被打擾、不想解釋什麼。

當有人提出要獨處一下子的時候，請不要以為他在擺架子或是發脾氣，他僅僅是累了，需要充電。

「社牛」也好，「社恐」也罷，無所謂對錯。沒關係，這世界那麼大，有人天生氣氛組，就要允許有人提前退場。真正接納自己的人，才不會感到尷尬。

希望每個人都不再那麼恐懼別人的目光。

# 高品質的戀愛

不健康的愛會讓人歇斯底里且易碎,而好的愛卻能讓人變得柔和、舒展又充滿能量。

高品質的戀愛,是真的走進彼此內心的戀愛。在這種戀愛關係裡,可以依靠自己,也可以依靠對方,不用咬牙切齒證明什麼,也不用委曲求全迎合什麼。

你有你的世界,他有他的世界,恰好你們的世界發生了一點重合,以此為契機,你們都願意把對方接納進自己的人生裡。你可以很愛很愛他,但也不妨礙你早晨起床之後聽英語、聽新聞,做簡單的早餐,然後再看看手機有沒有他發來的訊息;不妨礙你每天下班後抽時間去健身房流汗,回家後整理房間,看看喜歡的文章以及和家人視訊,享受一個人獨處的時光。

對於年輕女孩子來說,戀愛的確是生活很有滋味的一部分,但戀愛追根究柢只是一種感情狀態,不是生活的全部。

到目前我仍然堅信，愛是一件很好很好的事。但生活不只有愛，不要把除自己以外的任何人當成支柱和依靠，要把大部分的精力放在努力提升自己，把該背的英文單字背熟，把手頭的書看完，把迎面而來的工作認真落實。

被愛的時候有能力回應愛，不被愛的時候也有轉身就走的勇氣。人要為愛傾倒，但不是把頭栽在裡面。

這些年我有一個隱秘的感受，就是被好好愛過的女生，是一眼就會被看出來的，她們身上的明亮感是無法隱藏的。
她們知道怎麼跟人建立合適的關係，不會恃寵而驕，不會矯揉造作，不會天方夜譚，能大大方方地進退於人和人之間，理性又得體，柔和又舒服。

這就是我之前在書裡寫過的：「如果一個女孩子自信有趣，那她身後一定有個願意保護她自尊心、給她底氣的人，所以她說話、做事的時候不會畏首畏尾，不會總是懷疑自己不夠好，更不會患得患失。」
被好好愛過的人，她們眼睛裡流淌著像月光一樣的顏色，舉手投足都好像在說：「我就是一個值得被認真對待的人。」

我們時常在步入一段關係前躊躇良久。可戀愛的結局本就

難以臆測,重要的是過程——彼此相愛時的快樂點滴,互相補足時的人生進益,都是彌足珍貴的禮物,值得親自去嘗一嘗。

好的戀愛會像生動的課堂一樣,我們會在對方身上學到些什麼,我們會更懂得自己,我們會經歷一些飽滿的情緒轉換並且從中懂得一些餘韻悠長的道理。

很久很久以後,哪怕有一天你不喜歡那個人了,回過頭去看,他還是他,溫柔聰明、幽默正直,堂堂正正,讓人喜愛。那些對方帶給你的好的影響都還在自己身上,那些所有跟他有關的時光,也在閃閃發光。

在大家都很害怕在親密關係裡被欺騙、被放下,更害怕「輸掉」的年代,你仔細想想,愛情不過是我們在彼此的人生中占據了一段時間,有的人陪你走過了15歲到25歲,有的人陪你從25歲到28歲,等尔覺得是時候成家了,陪你到80歲的那個人就出現了。

所以,並不是不分手、結了婚才叫戀愛成功,而是恰好在你愛我的時候,我陪你度過了你的一段人生。

有人問我,愛是什麼?

這個問題好難,我想愛是內心不可壓抑的衝動、付出的熱烈,以及那種心動帶來的迴響和共鳴。兩個獨立的人可以擁有

更多強烈的、真誠的、純粹的愛，不會為未知戰戰兢兢。

愛會讓人變得更好，我以前一直不知道什麼叫做「更好的人」，以為那是很外在的東西，比如變美、變瘦，或者擁有某種技能和能力，其實不完全是。

愛會讓人有一種從高空墜落時，被雙手接住的踏實感；會讓人每天情緒穩定，變得柔軟、可愛；會改變人的心態和性格，讓人更加積極樂觀、陽光向上；會讓人學會愛人，逐漸溫柔，學會和生命裡重要的關係相處。

愛真好，再也不用單打獨鬥了，難怪大家都說「被愛好似有靠山」。

自癒自樂方案

# 嗨，有時間嗎？

一起來解出這個數獨。

| 5 | 3 |   |   | 7 |   |   |   |   |
|---|---|---|---|---|---|---|---|---|
| 6 |   |   | 1 | 9 | 5 |   |   |   |
|   | 9 | 8 |   |   |   |   | 6 |   |
| 8 |   |   |   | 6 |   |   |   | 3 |
| 4 |   |   | 8 |   | 3 |   |   | 1 |
| 7 |   |   |   | 2 |   |   |   | 6 |
|   | 6 |   |   |   |   | 2 | 8 |   |
|   |   |   | 4 | 1 | 9 |   |   | 5 |
|   |   |   |   | 8 |   |   | 7 | 9 |

總有女孩更願意相信，

是他忘不了自己，是他還愛自己。

但我說句讓你難受的話，

比起終於悔悟不想失去你，

更大的可能性，

是他再沒有遇到比你更好的女孩。

如果遇到了，

他不會想起你是誰。

# 一樣拿得出手的東西

　　我曾經去面試一家業內很有名氣的自媒體公司,因為面試的剪輯職缺並不是我的專業,我非常緊張,簡歷修改了很多次。

　　HR 看完我的簡歷後說:「在你的專業技能和實習經歷那些板塊裡,我看不到你有什麼實質性的內容。你覺得你應徵這個職位有什麼優勢?」

　　我忍了很久,只能說出一句:「我很努力,不會的東西我願意學。」

　　是啊!我很努力,卻沒有過成就,沒有底氣。

　　還記得之前看《奇葩說》節目裡,裡面有一期辯論題目是:「＜他真的很努力＞,是不是一句好話?」

　　有辯論選手站起身說:「只會被提及努力,這意味著你沒有什麼成績,因為你沒有做到,這句話加深了這人的盲目、侷

促和焦慮。」

很多人，包括我自己都會覺得「努力」是優點，這毋庸置疑，但是，在職場的路上，不能只是會「努力」。培養出「成果意識」真的太重要了，它同時說明你已經走出了學生時代那種自我感動、盲目用功的迷思。

每次寫稿焦慮的時候，都會想起一位前輩說過的話：「讀者不會在意你們的稿子改過多少遍，只有最後的成稿真的到了『戳心』的優秀，別人才會去想『寫出這篇稿子或許是不容易的』」。

你要給別人，看到那個成果。

20歲出頭的你現在做什麼？隨便應付完老闆交代的工作，便開始追劇打遊戲？因為一份不穩定的感情關係每天矯情哀怨？還是平平凡凡當一個及格的大學生？

太多的人抱怨「賺的沒有花的多」，也有太多的人不滿「社會對年輕人過於苛刻」，可是卻少有人願意靜下心來踏踏實實為自己一點點儲備能量。

我不否認在這個貼滿了價格標籤的社會裡舉步維艱，但當我們面臨多重選擇的時候，二十幾歲的我們，看起來簡直弱爆了。我們沒有能力為自己選擇更好的路，只能等著別人來對自己挑挑揀揀。

什麼是拿得出手的東西？我想那應該不是善良、堅強、勇敢這種人性品質。

它應該是一種只屬於你的無價的內在能力，是你在成長的每一天裡，不斷為自己修煉出的特長，它讓你和別人不一樣，它讓你引以為豪。它會幫你度過危難的關卡，殺敵制勝。

各個領域的「佼佼者」，之所以能紅，能被人知道，是因為他們能打造出屬於自己的獨特標籤，並且在自己擅長的領域堅持做到了極致。

未來也好，遠方也罷，我們人生最重要的事，不是幻想著有個王子騎著白馬來拯救我們，或者一個冰雪聰明的公主來安撫你的心，而是擁有一樣你拿得出手的東西，才不會看起來一無所有。

用深色覆蓋淺色，用「結果」去替代「努力」，成為一個有點厲害的人，而不僅僅是一個有點努力的人。

這一路，出色還是出局，你得自己選。

你選擇了你要的方式，

就堅定下去，別胡思亂想。

每個人的花期不同，

不必焦慮有人比你提前擁有。

**Q** 10 個繞不開的人生問題／1

# 你覺得什麼是治癒？

**特特的答案**

所謂治癒，不是說人沒有痛苦了，
而是我理解自己的痛苦從何而來，
我能夠面對和駕馭自己的痛苦，
它依然存在，但我已不再恐懼了。

治癒，即自癒。
它絕不是輕飄飄的東西，
它是有重量、有力量、有光亮的，
它讓人從心裡生出一種對未來的美好期待。

**請在右頁寫下你的答案**

## 樹洞也想喘口氣

人間從來不是樂土,各人有各人的苦。

我們每天面臨的事情鋪天蓋地,時間不同步,距離不接近,性質不一樣,妄圖維持「你難過,我隨時在」的友誼,是違背成年友誼規則的。

我看過這樣一段話:「大概每個人的生活中都有幾個這樣的朋友吧!心眼不壞,但是定居在低氣壓裡,其實沒有遭遇多大的不幸,但是長期保持著不開心,他們能從各種小事裡品讀出這個世界對自己的惡意。我們曾很努力地想讓他們開心起來,可每次掏心掏肺的安慰都像是一支藥效很短的鎮靜劑。」

久而久之,很努力想讓他們高興起來的我們感到疲倦了,他們感覺不到我們的疲倦,視之為友情的疏遠。

不管是很「鐵」的朋友,還是親密的戀人,沒人能長期當

你的情緒垃圾桶。

　　我曾經寫過，願有人能在你哭泣時，輕輕地坐在你身邊，收拾好你七零八落的情緒，溫柔地接住你的疲憊。但這不意味著，你可以無視對方的感受，把情緒壓力轉移給對方。沒有人是容易的。

　　難過、喪氣，都是非常私人化且容易傳染的情緒。如果總是試圖將負面情緒轉移給親近的人，那無疑是在縮短這段關係的壽命。

　　人際相處成敗關鍵在「度」，懂距離、知分寸，才能長久。

　　真正的友情是純粹的，幫或不幫都是一個成年人的選擇，不能用道德去綁架。和陌生人之間，更不要試圖窺探別人的隱私，說話留有餘地，不能強人所難，說話不能不看時機。這距離和分寸不是疏遠，也不是冷落。而是唯有這樣，我們才能尊重自己在意的人，才能安穩、妥善地保護好我們之間的感情。

　　不必靠太近，各自有各自的生活；不要離太遠，我們的生活圈還有交集。那句老梗「距離產生美」，其實就是，彼此尊重，彼此珍惜。

　　不是反對你向他人傾訴，而是要學會適度。即便是樹洞也會有疲倦的時候，有時候，樹洞也想聽點好消息和笑話解解悶。

永遠不要把訴苦當成逃避的手段,可以哭、大聲哭、使勁哭,哭完明天還要繼續做大人。情緒釋放完後,別忘了站起來繼續戰鬥。

　　希望你永遠有著溫柔且勇敢的內核,抵得住翻江倒海而來的情緒,在「情緒管理」這張考卷上拿高分,而那些不喜訴苦的人,最懂得體面地跟過去告別。

無人問津也好，技不如人也罷，

你都要試著安靜下來，

去做自己該做的事情，

而不是讓煩惱和焦慮，

毀掉你本就不多的熱情和定力。

**Q** 10 個繞不開的人生問題／2

# 什麼樣的人更具有吸引力？

### 特特的答案

在有限的條件裡，創造無限可能的人，
這部分不取決於能力，而取決於心力。

內心有能量的人，哪怕不被世俗待見，
哪怕暫時處於低谷，
也能憑藉自愛和自信，
憑藉堅信自己值得過上更好生活的執念，
破釜沉舟，背水一戰。

就像一棵樹，只要有了深邃根系和挺直主幹，
無論以後日子裡面臨多大風雨，都能撐過去。

而內心缺乏能量的人，
即使出身優渥，一路綠燈，
也會在焦慮和混亂之下，將一手好牌打得稀爛。

### 請在右頁寫下你的答案

# 相由「薪」生

社群上曾有一個很紅的活動，一家攝影公司無償為幾位為了生活艱苦前行的中年女性拍攝一組寫真，用高級時裝著身代替粗布裙衫，以妝容得體代替蓬頭垢面。一張張對比照讓人們無限感慨，每位女性都可以明眸豔唇，氣質出眾。

在這個人們對美極其認同和渴望的時代，女人不易，尤其是沒條件打扮的女人，會更讓人感傷。

我們不得不承認，對女人這種生物來說，美很重要。而每一瓶面霜、眼霜、精華液，都需要一個不敷衍生活的態度和一張可以任性刷刷刷的卡來支撐。

金錢雖然不是我們人生追求的意義，但是我們的很多追求，必須依靠金錢去實現。

當你唇上塗著最熱門的色號，睫毛濃密卷翹，香水是昨天剛拆封的新款，那麼，你便擁有了不怯場的金甲聖衣和一顆沒

有被卑微浸染的心。就算偶爾被生活中的雞飛狗跳鬧得心情糟糕，也能躺在環境幽美的山中溫泉裡敷上面膜止住眼淚，而不是只能買幾瓶啤酒和一袋雞爪坐在路邊號啕大哭。

三十歲開始，相由「薪」生。
這個相，不僅是指你的容顏，還有你的精神狀態和生活態度。
這個薪，不僅是指你的存款，還是指你對金錢的認知和賺錢的能力。

不要小看女人的衣服和鞋子，那是她明白自己要成為什麼樣的人，更不要小看女人今天用什麼化妝品，那表明她預備進入怎樣的社交圈。

所以，當一個女孩妝容完美、衣著得體地站在你面前時，她背後付出的，不僅僅是那些你不認得的瓶瓶罐罐，更是她為這完美的一切付出的時間和心思，也是她不想敷衍生活的態度。

# 愛自己，
# 是不討厭自己的雙下巴

　　我以前信奉「花錢」這種快速療癒法，我在寫不出稿子、心情低落又或是取得了階段性收穫時，會去商場逛逛，用購買慾來安慰或鼓勵自己。

　　但我慢慢發現，花錢這種直接粗暴的方式，並不具備讓我的生活走上良性輪迴的屬性，它能帶來的不過是片刻的歡愉。

　　一位在英國留學的朋友告訴我，她的語言老師是一位非常可愛親切的老爺爺。每次在個人演講時，不管同學們準備得有多糟糕，在臺上有多緊張，他最低一級的表揚都是「Good, very good！」。如果表現格外出色，他會滿臉驚喜，給一個大大的擁抱，然後說「Excellent！」。

　　她說：「如果換成我老爸，那定是一頓劈頭蓋臉的批評，但那位老師給了我很多鼓勵，他讓我在下一次想要更用心地做好。」

想想看，好像我們從小到大在成長中最缺失的一課，就是怎麼學會欣賞自己、擁抱自己，愛上自己的全部。

我常常能聽到身邊的女孩子跟我抱怨：自己眼睛不夠大，腿不夠長，腰也不夠細。自卑起來的時候，覺得自己簡直虧欠全世界，欠世界一張美麗無瑕的臉龐、一顆聰慧絕頂的大腦，甚至欠世界一個平和豐富的靈魂。

可是我們怎麼忘了，「美」、「聰明」、「精彩」從來都不是別人定義的你，而是你定義的自己。

我也有覺得自己工作能力普通，相貌、家境跟誰比好像都不夠好的時候，每當負面情緒襲來的時候，我都會看一遍影響了萬千女性的美國電影《穿著 Prada 的惡魔》。

電影的最後，在巴黎流光溢彩的街頭，女主角 Andrea 將手機扔進噴泉，轉身走入了自己的命運。她不再是影片開頭準備面試時慌張的女孩，也不再是在辦公室裡戰戰兢兢的職場新人。她不再需要華服來包裹自己，不再需要濃密的睫毛來掩飾眼神中的倦怠。她重新走在初秋的霧靄下，清澈的眼眸就像她素顏的心靈和面龐一樣燦爛炫目。她終於找到自己，也終於愛上自己。

一個自卑的人，只會越來越喪氣；一個自信的人，才會走向更遠的世界。

　　我們歷盡千帆，才發現最好的自己就在這裡。我們閱人無數，才懂得最該珍愛的人，其實是自己。

　　時尚部落客裡有一位很特別的亞裔女孩，身材嬌小、皮膚黝黑，和亞洲人的審美相去甚遠，卻憑藉著自己獨特的時尚觸覺和陽光自信的態度，讓人過目難忘。

　　身為一個時尚部落客，她高中時就開始打造 Shine by Three 網站，那一年她才 16 歲。同時作為一個攝影師，她拍各種美景和各種美食，出色的攝影作品令人欣喜。她為倩碧做形象代言人，素顏、白衫，像個未經世事的學生；她給施華洛世奇拍廣告，站在超模身旁，從容淡定。

　　看她的照片，你會發現，這個女孩的眼角眉梢、一舉一動，都帶著一股不容置疑的自信，甚至「自戀」。她是真的愛自己，才在鏡頭前表現得那麼自然，氣場強大到再高再美的超模都無法掩飾她的光芒。

　　她是最完美的那個嗎？不是。可她一定是人群裡最能發現自己美的那個女孩。接納自己，是她最好的化妝品。

　　真正的愛自己，不僅僅是你去了那家高格調的西餐廳，你

給自己買了全能乳液,又添了幾件名牌新款。

　　愛自己,是你能在多大程度上尊重自己、忠於自己、肯定自己,那是一種來自內心的力量,幫你對抗最平庸的生活,更在於你能否和自己好好相處,和世界握手言和。

　　現在,如果有女孩問我:「什麼才是愛自己?」
　　我會跟她說,是給自己買冰淇淋,是不討厭自己的雙下巴,不討厭自己的痘痘,不討厭自己的鈍,不會因為別人的指責而懷疑自己,是每天都會對自己說:「要永遠相信自己。」

沒什麼好隱瞞的，
那是我曾經喜歡過的人，
就算最後分開了，
我依然希望他沒災沒禍，
平平安安，
玩遊戲都順風，打球不會受傷，
能真正遇到一個想要在一起的人。

我種的樹不介意誰來乘涼，
因為我種的時候，
就希望它枝繁葉茂，蓬勃生長。

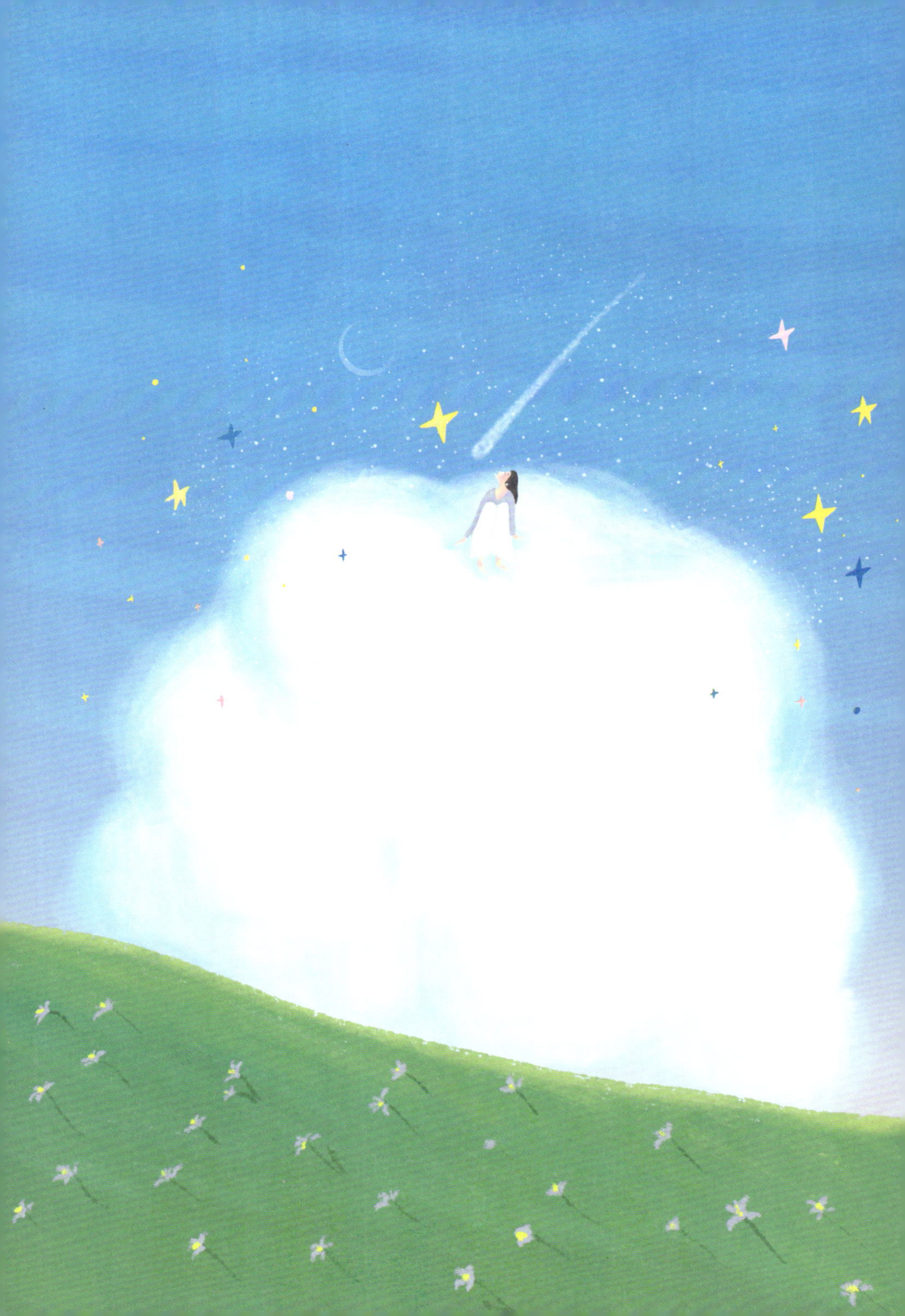

**Q** 10 個繞不開的人生問題／3

# 愛情裡最棒的心態是什麼？

**特特的答案**

我一切的付出都是心甘情願，我對此絕口不提。
你若投桃報李，我會十分感激。
你若無動於衷，我也不灰心喪氣。

直到有一天我不願再這般愛你，
那就讓我們一別兩寬，各走各路。

請在右頁寫下你的答案

# 社群個人動態
# 僅限動可見

你有沒有發現，如今不發文到社群的人越來越多了，設定僅限時動態可見的人也越來越多了。

以前我們看了一部劇或者電影，要發則貼文寫寫觀後感；出門旅行要分享一下遇見的不同文化；即使是偶然瞥見一朵好看的雲、路邊一棵奇怪的樹、池邊捉蜻蜓的貓咪，都要發則貼文到社群媒體上感嘆一下大自然的可愛。

慢慢地，社群好友越來越多人加進來。同事進來了，討論工作；親戚進來了，點評你的生活，順便給你介紹交友對象；小學同學進來了，用奇怪的語氣說你現在混得不錯；只見過幾面的朋友進來了，問你買不買保險。之後，連房產仲介、網購客服、裝寬頻的、修空調的，甚至連樓下理髮店的 Tony 老師也加進來了。

人雖多了起來，可與社群軟體早些年熱鬧紅火的景象相

比，如今的我們，更新和翻閱的慾望都已大不如從前，而那個標誌著新通知來了的小紅點似乎也不再出現得那樣勤快了。

我們加的人越來越多，發貼文的次數卻越來越少。現在的情況是，我們點開一個朋友的個人動態牆，最新動態停留在大半個月前，點開另一個，顯示「限時動態僅一天可見」，更新勤快的只有公共帳號和贊助廣告了。

我們的社群軟體變得不再私密，發貼文也不能發得無所顧忌。畢竟在眾人面前敞開自己的內心世界，是一場風險不低的冒險，而不隨便把情緒公開在社群網站上，也是一種溫柔，更是禮貌。

如今，是我們已經沒有了傾訴的衝動，還是我們已經沒有了交流的慾望？

我覺得都不是，我們每一個活生生的人，都渴望傾訴、希望被理解，但我們確實越來越不想發貼文了。大概是因為，不發憋屈，發了矯情。

關於這個問題，我問過幾位朋友。

有人說，現在每次發貼文都要思前想後，糾結這條能不能發，發了會不會被吐槽，會不會不夠有趣，會不會被說裝，會

不會讓別人多想等等。每次都要考慮半天，小心翼翼設定觀看對象。等設定完了，連發送的慾望都沒有了。算了，還是繼續工作吧！

有人說，夜晚的時候情緒氾濫，什麼脆弱、焦慮、憂愁一股腦的湧來，這種時候萬千情緒堵在胸口，不發出來真的會憋死。隔天一覺醒來，又覺得昨晚的自己軟弱矯情，而且並沒有什麼人遞上關心，所以只想快點把動態刪掉，還要告誡自己下一次可不許這麼縱容自己了。

還有人說，就是很忙呀！訂太多小目標，不想打自己臉，所以總有忙不完的事。不管是取得成績還是備受挫折，都與他人無關，只關乎自己。

「我沒有封鎖你，只是不想把情緒隨便公開。」是如今大多數人的心聲吧！


我們每一天都有不同的經歷，每一刻都有不同的情緒變化。你看到以前我開心的樣子，不代表我真的天性樂觀開朗。你看到某一刻我突然很難過，也並不說明我是個很「悲觀」的人。

有些東西，作為過去某一段時間或者某一瞬間的印記就好，但無法成為你真正了解一個人的途徑。關於過去的時光，如果你已經參與，我會在閒暇的時候，在懷念的時候，在清晨，在午夜，獨自一個人拿出來細細回望。但如果你沒來得及參與，那也沒關係。

一個真實的人,他的社群不應該只有詩和遠方,還會有挫折,有不堪,有失態。

成熟,就是將注意力從曬幸福、曬經歷變成自我消化的淡然。人生這條路走下來,你會慢慢將外在的表露衝動,變為內在的沉靜怡然。

◆ 自癒自樂方案

# 味道

在這頁噴上最近你最喜歡的香水,
並寫出這種香味帶給你的感受。

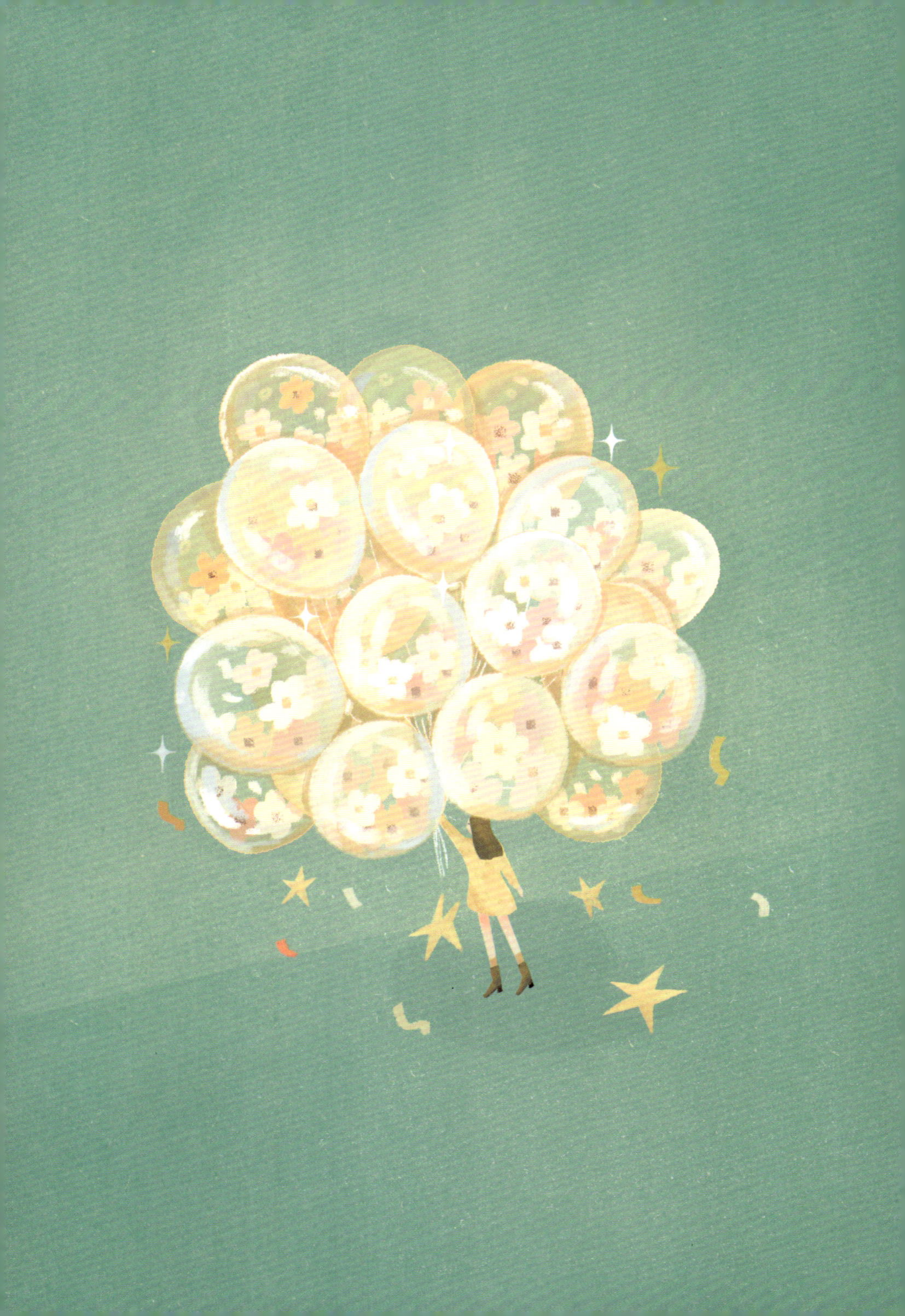

# 才不是「單身狗」呢

這個世界對「單身狗」的惡意總是不消停。

比如,明明是光棍們的「雙11」,卻瞬間成了情侶間曬恩愛清空購物車的好日子。比如,喜歡的那家飲品店偏偏是第二杯才半價。比如,一個人去看電影,挑選的場次居然是情侶廳。再比如,一個人點外賣不夠最低門檻,多點一份又吃不了。還有什麼秋天的第一杯奶茶,冬天的第一個烤紅薯……

外界不時冒出的惡意也就算了,那些「為你好」的親戚偶爾也要過來插上一腳,「你年紀也不小了,再挑就要30歲了」、「小姐眼光不要太高」、「你還真想當『剩女』啊」……

可能在一些人眼裡,單身就意味著自身魅力不足、找不到戀人,可我見過很多擁有漂亮臉蛋和迷人身材的女孩,一個人活得有聲有色,本身就有趣的靈魂從不指望另一半為自己帶來生活的改變和快樂。

那些不見「愛情」不入「墓」的單身青年，倒是有些可愛可敬之處。因為他們寧缺毋濫，不將就。他們沒有把自己當作促銷貨架上過了賞味期限的食品，他們寧願做「單身狗」，也不願成為別人精神世界裡的「OK繃」。

如果你願意，仔細想想你身邊的單身男女，他們還真不是「狗」，而是物質富足，精神獨立。單身對於他們來說，並不是急需解決的毒瘤，只是一種生活狀態而已。

誰說單身一定會空虛寂寞冷呢？在愛情像速食一樣被隨意消費的年代，那些面對孤獨和閒言碎語仍然毫不動搖的人，才值得按讚吧！

切記不要因為寂寞而談戀愛，一段隨隨便便開始的戀愛，一段因為填補寂寞而在一起的戀愛，對兩個人來說不過都是辜負和傷害。

度過短暫的甜蜜期後，只因為寂寞而在一起的副作用會漸漸顯現出來：

你確實不用再一個人去吃飯，承受別人的竊竊私語。但是你和他會因為各自的口味差異而互不相讓，或者在用餐的時候，一方並不愉快，從而導致兩個人無話可說。

你看完一部電影，覺得可以排進年度前十名，你迫不及待

地想跟他交流和分享,但他正跟隊友一起打遊戲,根本沒空理你。

你計畫買戶外用品和他一起去登山攀岩,他覺得在家門口的公園隨便跑跑就好,都是運動,沒必要使勁折磨自己。

漸漸地,你的愛好,他都不置可否。他感興趣的事,你也提不起興趣。就連爭吵,你都懶得吵了,因為吵不出結果。他每天就睡在你旁邊,可你依舊覺得自己是一個人,半夜醒來,你也不想抱他,只是盯著天花板,感受涼進骨頭裡的孤獨。

因為寂寞開始的戀情,大致上都會這樣。

曾經以為,世界上最糟糕的事就是孤獨終老,其實不是,最糟糕的是與那些讓你感到孤獨的人終老。相比戀愛裡的孤獨,單身的孤獨實在是很淺很淺了。

單身的人並不是不追求愛情,相反,他們的單身是對自己的負責、對愛情的負責。他們不願意談低品質的戀愛,比如那種兩個人面面相覷,在鬧嚷嚷的小餐廳,問過各自口味後,就埋頭滑手機螢幕的戀愛;再比如那種工作一天回來後,像合租室友一樣,各自洗澡,一個隨意播著電視,一個看著自己的iPad,沒有交流,沒有喜惡的戀愛。

他們喜歡把時間花在跟朋友聚會和豐富自己上,不願意把時間浪費在會消磨自己的不良愛情上。他們相信緣分,雖然緣

分這詞很老舊了,可感情這事,誰不是在等待著緣分將那個和自己合拍的人牽到身邊呢!

年輕有趣的單身者,是不是「狗」,別人無權判定。他們只想找到一個同樣披戴光環、永遠熱切飽滿的靈魂。

請你相信,好的事情總會到來,而當它來晚時,也不失為一種驚喜。

## 自癒自樂方案

# 重要的人（萬特特版）

**To 媽媽**
我想帶她買衣服、買金鐲子、燙頭髮、去旅行，
像小時候她對我那樣。
看她笑瞇瞇地拎著新包說「真好，沒白養」。
我覺得生活特別有希望。

**To 爸爸**
「培養我，一定花了很多精力和錢吧。」
「老爸是個很平凡的人，但因為你的存在，我才覺得
老天對我不薄，爸爸是我的人生意義。」

**To 愛人**
不得不說，你真的很有眼光。

**To 卡卡（我的小狗）**
11 歲快樂，希望你陪我久一點。

**To 好友**
日裡歡喜，夜道晚安。
等待一起變老，再穿上大花裙子，
一同坐在陽光下，聊聊隔壁老頭的八卦。

請在本頁寫下你的答案

## 悄悄地把尾巴藏起來

　　我念高中時，利用課餘時間寫文章，然後投稿給自己喜歡的期刊。

　　那時候身邊的同學，包括我的同桌都不知道我投稿這件事，我也從來不提。有時課間寫一寫，有同學過來，我就假裝輕鬆地蓋好，找出一本練習冊壓在上面。

　　有很多次投稿被錄用，我就把刊登了我文章的那期買回來，沒事就要翻開看看，然後再小心收起來，心裡別提多高興了。

　　可我還是被發現了。

　　班上一個同學很巧的也買了那本期刊，又很巧的看到了我寫的那一篇。有次她收作業的時候走到我旁邊，看到我在埋頭寫東西，說：「又在準備投稿了嗎？」

　　不僅如此，有次課堂上老師說起課外讀物，這位同學突然

說：「她的文章發表了！」於是老師和同學們都稍感意外地齊齊看向我。

我的這位同學有什麼壞心思嗎？並沒有。

我知道她並沒有惡意，至今我們還保持著聯繫。但不能否認的是，她將資訊帶給大家，「曝光」我並不想被大家知道的這件小事的時候，我的心裡像遭受了一連串的暴擊。後來還有同學跟我說：「如果再發表，記得告訴我們，我們也想買來看看。」而老師也很希望我能在班上朗讀自己的作品。

被大家關注、被老師誇獎，並沒有給我帶來榮譽感和快樂，反而讓我無所適從。原來一直默默努力做著的事情被發現了，是會帶來失落感的。

就像是武陵人闖入了桃花源，大聲讚嘆：「你們這裡真是太美了，我要幫你們把這裡打造成國家級風景區！」桃花源裡那些避世的人，真的開心嗎？我想未必吧！

我喜歡「悄悄地把尾巴藏起來」這個行為，至今還是沒什麼改變。

在自媒體盛行的今天，我覺得自己除了寫字，或許還可以做點別的有趣的事。於是，我註冊了小紅書，在上面分享自己的生活愛用物品、讀書筆記、探店打卡、護膚心得。

剛開始，我從不在乎發的這些筆記有沒有人按讚，直到陸

續被同事、讀者和朋友們在小紅書首頁刷到，我的心態開始有了變化。

這篇「參觀美術館」的筆記，照片調色是不是不夠吸引人；那篇「好書推薦」有沒有展現出書的價值；明天要發的「護膚禁忌」希望能被更多女孩子看到。

我覺得越來越累，我的擔心和期待都開始變多。我沒有抱怨的意思，只是因為被人知道，我所有的進步和退步、成功和失敗都被曝光，公開得明明白白。我很難不讓自己在意，聽到掌聲的同時也得扛下所有的期待、不看好和未知的種種變故。

於是，我又想起許多年前，在體育課的間隙，自己一個人跑回班級，拿出作文本，一字一字記錄，然後反反覆覆修改到自己滿意，再小心疊起來，按照期刊上登的地址寄出去的時光。

沒有人看見我在做什麼，但我真的無比開心，那種開心在被各種資料充斥著的今天，很難再重現。我變得希望明早起來可以看到漲粉，變得因為沒有曝光度而憤懣，變得忘了自己當初為什麼要做這件事。

被圍觀的努力真的很辛苦。

努力是一個人的事，是為了自己，你付出的努力跟周圍的人都沒關係。不如靜下心，安靜地去做心之所向的事，等到努力得到回報的時候，再和真正關心你的人分享。

我不知道這是一個人性格裡「沉穩」的一面，還是一種生活方式。不為取悅任何人，不為吸引別人目光的時候，步伐真的又快又輕鬆。

　　旁觀者看不到你內心的那團火，他們只看得到煙，索性就等塵埃落定的時候再分享燃燒過後的印記：「你看，我真的做到了，還不錯吧！」

## 光鮮亮麗的自媒體們

我的一位朋友巴克，是一位普通上班族，利用下班後的時間，報名了攝影和剪輯課程，每晚 7 點 30 分準時開始，線上學習 4 個小時。等到週末，就到提前選好的美食店鋪去走訪，然後回來撰寫文案、剪輯，發送到平臺。

在這樣沒有團隊、沒有合夥人、沒有流量，任何小事都要他親自來做的條件下，他默默堅持了兩年。

直到有一天，我們在各大平臺發現了一個用戶名，叫「巴克帶你吃點好的」，才知道他已經成為擁有十幾萬粉絲，開始組建自己團隊的美食分享部落客了。

很多人都有這樣的疑惑，為什麼我們身邊總有人看起來平平凡凡，但突然有一天，他們就成功了，把你甩出了十萬八千里？

因為他們在默默努力扎根，獨自一個人奮鬥的時候，你根本沒有看到。

就像巴克，他從沒在社群裡發過宏願，也沒在論壇發過狂熱的目標，只是每天都在有序地努力著。

我們在職場「摸魚」虛度時光的時候，他在找各個商家老闆談合作；我們賴床的每一個週六，他都早早出門準備當天的拍攝；在我們和朋友大快朵頤、吹牛互捧的時候，他在家修圖、寫文案；在我們看直播、刷社群動態的時候，他在看粉絲們的留言，並認真回覆，接受意見；在我們因為搶到幾塊錢紅包而暗自高興的時候，他這個月賺到了五位數的廣告費。

他沒有告訴身邊的同事和朋友，我們只知道，有很長一段時間，他都沒有來參加聚會，在群組裡偶爾和大家打個招呼就不再聊了。他放棄娛樂的時間，一直在默默地做著自己想做的事。

反而是那些不那麼大張旗鼓地在世界立旗幟的人，踏踏實實地在行動。在不曾分享的時間裡，有人取得了很大的進步，成為當初我們都嚮往的人。

當我們身邊有人做成了一件事，一定會有這樣的聲音：「他不過是運氣好。」

很多人都認為當今做自媒體很容易，無非是找些圖片，搬

運一些文案，學學排版，手指一點「發布」，再買點虛假的點擊量就萬事大吉了，剩下的時間裡坐等廣告商家找上門來合作就可以了。

這樣想的人，恐怕從來沒真正自己去做過這件事。

自媒體看似自由，實則辛苦。從「小白」做起，在各種社群聽取大家的經驗，線上學習是少不了的。就連吃飯、喝水的時候都要想下一篇要發的內容，明明已經很不舒服了，可還是要硬撐著爬起來編輯、排版，畢竟每天按時更新這個原則絕不能動搖。你所看到的每日一篇的原創，都是有人熬得眼睛乾澀、頸椎疼痛得來的。

身邊那些升職更快、職場順風順水的人，常常讓人看著羨慕嫉妒恨，事實的真相也沒有你想的那麼陰暗和不公平，每一分在人前的輕鬆如意，都源於背後的暗自努力。

這既在意料之外，也在意料之中，其實這種現象生活中很常見，一開始信誓旦旦的人大多數都是三分鐘熱度。

那些悶頭做事的人，比如巴克，不是沒有遭受過打擊。黑粉的惡評、商家的不配合、腦袋不轉寫不出東西、剪輯好的影片檔突然損壞……可那又怎樣呢？他們坐得住冷板凳，禁得住誘惑，他們心有定力，有格局，有遠見。

比起天上掉餡餅這樣的好事，我更相信所謂的好運氣是慧

眼、毅力、自律、眼光和勇氣的綜合表現。

　　想要做成事，先低頭看看自己走的路：有沒有認認真真地培養自己在某個領域的能力和技術，腳印是不是夠深夠平整？如果沒有選擇正確的起點，堅持不懈地進行量變的推進，那麼你的「餡餅」永遠不會到來。

　　共勉。

## 我說大海很漂亮，
## 你說淹死過很多人

　　這個世界上，因為三觀不合而分手的情侶、夫妻，比你想像中還要多。

　　你喜歡看書，他覺得你迂腐；他愛看綜藝，你覺得他膚淺；你無辣不歡，他卻口味清淡；你喜歡聚會的熱鬧，他偏愛宅在家的清靜；你喜歡旅遊，他卻覺得旅遊只是浪費錢，不如在家待著；你偶爾去趟西餐廳，他卻認為這是亂花錢。

　　這不叫互補，這叫湊合。到最後你會發現自己的世界越來越小，只容得下煩悶小事。

　　你認認真真健身、敷面膜，不是為了找一個在旁邊既不欣賞還要指責你亂花錢的人來鬧心，甚至犧牲你原有的生活。辛辛苦苦加班工作，是為了假期去買心儀的衣服和包包，來為職場加持氣場，而不是為了和一個守財奴窩在沙發上看電視劇。

三觀不合的人，從本質上追求的東西就不同，壓根不是一路人。曾經的喜歡只會隨著溝通和日常相處一點點削減，直到相處也成為一種負擔。

　　以前很多人覺得找另一半要有錢有顏，但其實經濟條件可以透過努力改變，容貌可以透過提高審美來改變，性格可以包容，愛好可以參與，三觀不合卻治不了。
　　三觀一致的人才有更穩固的關係，因為有一樣的價值觀和目標，才能共同奮鬥，沒有太多衝突。

　　每個人從小的生活環境、接受的教育不同，三觀是在小時候就慢慢樹立起來的東西，所以自己與他人的興趣、愛好、品味難免會有不同。
　　他喜歡戶外運動和機器人模型，你喜歡彈鋼琴和收集香水。但他會在戀愛紀念日帶你去聽鋼琴演奏會，雖然他聽得雲裡霧裡，昏昏欲睡，但這並不是三觀不一致。如果他硬要說你喜歡彈鋼琴是只是兒戲，收集香水是浪費錢，而他的戶外運動才有意義，這才是三觀不合。
　　或者，你喜歡路邊麻辣燙，他愛吃日式料理。你不認為他是假裝高格調，他也不批評你不注重就餐衛生。他能懂得人間煙火自有它的美味，你也願意陪他坐在精緻的餐廳裡品嘗新菜。和這樣的人在一起，漫長的人生才不會覺得太難熬。

相戀容易，因為五官；相處太難，因為三觀。

合適的人不一定要情商多高，但一定會懂你的點。他不會在你感性的時候講生硬的大道理，也不會在你氣得火冒三丈時和你硬碰硬。重要的是懂得尊重你的選擇，並且不會把自己的想法刻意地強加在你的頭上。

雖然在這個世界上，我們很難找到一個和自己完全契合的人，也沒有十全十美的伴侶。但如果真的要在一起度過漫長的幾十年，請一定要找一個認同你的生活，懂得尊重你的人。

所謂三觀相合，是有自己的想法，也不排斥世界的多樣性。在遇到彼此差異的時候懂得尊重對方，不將自己的價值觀凌駕於別人的價值觀之上。

三觀相合的人，因為跟你目標一致，追求一致，判斷一致，會是你的好隊友，甚至好導師；而三觀不合的人，只能帶給你一場又一場無意義的針鋒相對、劍拔弩張。

三觀有時候沒有對錯，只有一致與不一致。強行掰向一致，對雙方來說都是一種消耗。

如今想想，最容易戀愛、最容易交朋友的時候，大概就是我們最年輕、幼稚、天真無邪的時候。那個時候要求很少，喜

歡也沒有那麼多條條框框。你長得好看，我就喜歡你。你借我課外書，我們就是朋友。

從前我說大海很漂亮，你說淹死過很多人，我或許還樂呵呵傻笑著，和你手牽手跑沙灘邊去玩。可現在，我說大海很漂亮，你卻說淹死過很多人，我連和你牽手的慾望都沒有。

但是沒辦法，我們一路不停歇的成長，我們的思想不會一直停留在看臉的階段，所以忘了從什麼時候開始，我們對交朋友和談戀愛，有了不一樣的要求。

有時候，人和人之間真的有很大區別，而三觀不同的人，就像是來自兩個不同星球的人，不管你怎麼努力，都找不到破解彼此語言的密碼。

所謂合適，就是聽得懂、聊得來、願理解，是你的快樂不缺觀眾，是你的故事有人能懂。你和誰談了場無疾而終的戀愛沒關係，重要的是找一個適合自己的人，這樣在漫長的餘生裡共度也不會覺得虛度光陰。

**Q** 10 個繞不開的人生問題／4

# 接受自己很平凡,這件事很難嗎?

**特特的答案**

有一種女孩,
既不是玫瑰,也不是百合,
既不嬌豔,又不聖潔。
她是蒲公英,平凡、普通,
風一吹,連影子都找不到。

那有什麼關係呢?
平凡又不妨礙她努力,
普通又不妨礙她頑強。
重要的是,它有乘風而去的種子,
隨時可落,隨處可生。

一個人,如果能夠和自己的精神和肉體相處融洽,
那她一定很迷人。

**請在右頁寫下你的答案**

# 人生呀，
# 總是先苦後甜的

　　自律並不是什麼新鮮詞，說白了就是能夠自覺控制自己的行為和情緒，集中注意力去達成自己原本的目標，而不受其他事情的干擾。

　　對於大多數人而言，說起來容易，做起來真是太難了。論文通常都是在截止日來臨時，才匆匆忙忙熬幾個晚上拼湊完成。在這之前，是逍遙地看劇打遊戲、約會逛街。

　　社群上有段很紅的話：「你可以追劇追一晚，只要你可以按時交上論文；你可以有豐富的夜生活，只要第二天你還能精神飽滿地做好本職工作。放縱究竟是不是錯，取決於你能不能為你的放縱負責。還是那句話，沒有自制力的人不足以談人生。」

　　貼文底下留言的人，無一不在哀號：「膝蓋中箭。」

沒有自制力的人，總是覺得還有時間，偶爾做點別的小事並不影響大局，直到期限逼近時才亂了陣腳，才意識到自己高估了自己掌控大局的能力。

　　你看，若是在該出力的環節，你攜帶著懶惰落荒而逃，日後一定有加倍的苦頭讓你補上。

　　當你沒有把時間利用好，時間便會懲罰你。當你提前透支了過多的安逸與享樂，最後追逐而來的加量的焦慮與崩潰，便是你應得的報應了。

　　為減肥下載的運動 App，你從來沒有打開過。為英語考試買的參考書，翻了幾頁後便被你閒置。你提款卡上的餘額已經寒酸得可憐，你卻用大把的時間追劇。你也想健身、閱讀，做個靈魂有香氣的人，偏偏窩在沙發上刷社群聊八卦。

　　是啊，年輕的時候，我們捨不得讓自己受苦，總以為來日方長，現在偷個懶也沒什麼。慢慢地，你覺得每個人都比你幸運，只有自己最倒楣，你發現混沌和頹喪成了自己生活的常態，始終不見好轉，你對命運充滿怨懟，嚷嚷著它欺負了你，把溫柔相待都給了別人。

　　在你的工作量一拖再拖，心裡還安慰自己「反正工作永遠也做不完，明天再說囉」的時候，有人在積極尋找創意靈感；在你聊天、八卦、購物的時候，有人在為明天的會議認真準備

著PPT；在你下班後無用的聚餐場場必須參與的時候，有人一邊健身一邊思考銷售群體的需求⋯⋯

我們從前說，當學生真好，有人催促著你快點往前走，一個階段過去，下個階段就銜接上來，像沿著鐵路走，不怕迷路，還有準確的列車時間表。

成年之後，才明白一切真的靠自覺。要不斷給自己定下目標，不能太低，否則無聊，不能太高，不然活得會很「喪氣」。在躊躇滿志和自我否定中間搖搖擺擺，到處都是懸崖，稍不注意就會掉下去。動不動就感嘆時間太快，機遇的車四處亂開，搞不好就一輛都沒趕上。

日本時裝設計師山本耀司說過這樣一段話：「我從來不相信什麼懶洋洋的自由，我嚮往的自由是透過勤奮和努力實現的更廣闊的人生，那樣的自由才是珍貴的、有價值的；我相信一萬小時定律，我從來不相信天上掉餡餅的靈感和坐等的成就。做一個自由又自律的人，靠勢必實現的決心認真地活著。」

所謂自由，不是隨心所欲，而是自我主宰。

在紛擾的世間，我們會面臨很多誘惑，生活中也有很多事情要處理。如果缺乏定力和遠見，不懂得約束自己，生活的方向就很容易失控，以致隨波逐流，迷失自己，成為受外在牽制的奴隸。

我知道，這一路你總要面對迷茫和頹喪、誘惑和牢籠、荊棘和野獸。但我希望你能記得，自律是你最好的武器，殺妖斬魔，開山闢路。

你只管好好管理自己，剩下的交給時間。它會淘汰那些對自己無限制寬容的人，這是最公平的。總有一天，你日積月累的力量，會帶給你他人望塵莫及的光環。

人生呀！總該是先苦後甘的。

倘若一下子把生活的蜜罐打翻，傾倒在黏膩的甜蜜裡，那等待我們的，必定是甜味盡散後，難以承受的酸澀苦楚。

唯有自律的人，才能釐清生活中的枝微末節，讓其各安其位，穩當妥帖，串聯起井然有序又自在輕盈的人生。

**Q** 10 個繞不開的人生問題／5

# 放不下過去怎麼辦？

特特的答案

一件非常神奇的事,
如果你勇敢地放下一些東西,
一些比它「好得多」的東西就會到來,
並填補這塊空白。

放下你所執著迷戀的東西,
你將獲得一個新的自己。

我這樣說,你能放下了嗎?

請在右頁寫下你的答案

## 真誠永遠是必殺技

有些人將「愛情裡，一旦認真你就輸了」奉為戀愛秘笈，卻不知愛情是很公平的東西，不走心就一定會輸，都不用意外。

畢竟，愛情裡所有的套路，最後都會輸給真心。

關於愛情，人們總是有太多疑問糾結。無論是在電視劇還是現實生活中，相信每個人都聽過類似的對話。一個人拍著另一個人的肩膀說：「喜歡她就去追吧！我們幫你應援幾招。」

「套路」這個詞，或許就是這樣來的吧！而且越來越流行，聽得多了，自然也心領神會。似乎現在談個戀愛，如果不會一點招數，根本不行。

在社群動態中，許多人都是「高大上」的精英，上個月在巴黎購物，這週在越南體驗民宿，下週要去香港品嘗甜品。出

門必是名車，自拍必是尖臉，轉發必是雞湯，回覆必是高冷。女生都美到窒息，人畜無害，穿戴自己最貴重的衣服配飾，說自己愛好旅行，喜歡攝影。男生打扮好造型，口若懸河，月入破十萬，有房有車，千金多才，標準高富帥。

互相試探三百回合，誠意全看紅包，欲拒還迎，欲說還休，以退為進……這些招數如果編成一本書，恐怕連《孫子兵法》都自嘆不如。果然，「我走過最長的路，就是你的套路」這話是寫實的。

在親密關係中，有些人特別看重付出回報比，一旦在他心裡沒有達到平衡，就會覺得委屈、憤恨。所以我常常能聽到情侶在吵架的時候，暴露出平時隱藏著的計較。

不知道從什麼時候起，權衡利弊、功利算計成了談戀愛裡慣用的伎倆。沒有純粹因為互相吸引而在一起，沒有純粹因為你就是你而在一起，這種在心裡時刻計較著誰付出得多、誰付出得少的戀愛，想想都挺讓人心酸的。

套路這件事，最大程度浪費了我們的情感，最終會讓我們厭倦自己、厭倦愛情。

斤斤計較的人不適合談戀愛，他們比較適合去買菜。用做生意的謀略來經營感情，以衡量得到的多寡來判斷付出的深淺。這一場場「生意」裡沒有怦然心動，沒有日夜思念，沒有

你儂我儂，有的只是利弊和慾望。即便可以換來一時的上風，卻換不來感情的繁榮。

　　無論怎樣的關係，一開始就選擇真誠，一定是最聰明的做法。

　　你對他真誠，結果發現他辜負了你，沒關係，還好你認清了他。即便是沒有收穫「結果」的愛情，認真的人也不會輸得太難看，成為被前任格式化裡的一枚碎屑，相反，他們會是對方心裡永遠都褪不掉的朱砂痣。不然，為什麼當初那些「情場高手」會在無數次午夜夢迴被黑暗的漩渦捲入無盡的思念時，大哭起來呢？正如那句話：「多年後再見面，流淚的多半是當年那個狠心人。」

　　請你記得，只有真誠才是必殺技，才是談戀愛最有意義的套路。

人們對年齡的誤解之一，
就是人到了三十歲很多事就定下來了，
其實人生有很多重要的事，
在三十歲以後才發生。

## 愛慕虛榮這件事

時代變了，再也沒有誰為只想要更好的而感到羞恥。

我想起了自己工作的第一年，在生日的前幾天，我詢問一個「富二代」女孩口紅色號的問題，對方認識我長達 10 年，她知道我以前是那種土裡土氣的女孩。我說想買一支 YSL 的口紅送給自己，她回過來一串驚訝的表情，說親愛的你變了耶！以前你對這些東西不感興趣的。

我笑笑，其實我怎麼會不感興趣，對所有光鮮亮麗的東西，哪有一個少女是不愛的呢，但以前的我沒辦法擁有它啊！至少現在我用自己賺的錢，試著一點點去填滿那種所謂的虛榮心。

這樣看來，虛榮心並不是件徹頭徹尾的壞事，相反地，它給了我這樣平凡的女孩一種上進動力，是這種虛榮心在後面狠

狠地推了我們一把，讓我們變得更好。

　　有時候「平平凡凡過簡單生活」的正能量，還真的比不上帶著酸味的「憑什麼她就可以，憑什麼我不行」、那些「我也要這樣」的虛榮心，引領我一步步穿越那片帶著荊棘的叢林，一步步地強大起來。

　　很多人活得豁達、大度，買不買奢侈品，進不進高檔餐廳，一點都不影響他們的心態，但如果你恰恰是「小氣」的那種人，其實也沒什麼不好。如果沒有了「虛榮」，埋怨命運的不公平，討厭自己的不完美，嫉妒別人站得高，很多的人大概只會原地踏步。

　　人如果過早就滿足了自己，必定也走不遠。

　　長大後的女孩子愛包包和高跟鞋，和小時候愛芭比娃娃、愛蕾絲裙本質上是一樣的，都是想把心愛的東西捧在自己手裡而已，都是少女心。但娃娃容易得到，奢侈品難買。

　　我們這裡說的，絕不是用非正當手段來滿足自己的虛榮，只是覺得，人的成長都需要動力，要快速成長為優秀的人，你真的需要遠比「期待、但願、希望」更強大的力量。那些驚覺自己原來從未被上蒼青睞的黑暗歲月裡，推動你前進的，除了鼓勵和溫暖，還有一股悄悄藏在心底的不服氣。

這些年,從手機到相機,從包包到鞋子,從重慶的火鍋到巴黎的西餐,我「慾望清單」上列的東西,從來只增不減。你要說虛榮,我不否認,但我並沒有刷爆信用卡,也沒有「啃老」,更沒有指望誰來送我這些東西。在一定限度的奢侈範圍內滿足自己的虛榮心,這讓我覺得很開心,也很有動力。

誰不喜歡沒有壓力、輕鬆快意的人生呢?可是很悠閒的生活對我來說,終歸是太單薄了,撐不起漫長的人生。我想要的太多了,多到我必須頭頂很多壓力才能得到,並且我願意。

要正視自己的野心和慾望,選擇出最想要的、最適合的、最值得爭取的,並以此為前進的動力。選擇什麼樣的生活其實只在於自己,而任何一種選擇都要付出代價,只是要看自己願意付出哪種而已。

所有的決定,到頭來並非真正選擇了哪一種幸福,而更像是選擇了究竟願意受哪一種苦。

現在的我,依然會感受到落差,依然有很多個不甘心的時刻。但我跟那個 19 歲時的自己不同了,我沒以前那麼難過了,我很坦然,因為我知道該怎麼安置自己的那顆「虛榮心」。

世界從來不公平,現在是,以後也是。人生必須精進每一天,因為就算你一心只要最好,都無法百分百實現最好。如果

你連一顆只要最好的心都放棄了,那麼就別怪命運不公,節節敗退。

　　愛慕虛榮沒有錯,為什麼要掩飾自己想要最好的心?
　　你值得最好的一切,並且願意為擁有最好的一切而全力以赴。就算你暫時無力負擔一切最好,卻不能不知道什麼是最好,也不要放棄永遠追求最好的心,依然懷抱著對最好的憧憬。
　　每一個用努力、用勞動去賺錢、去改變生活的人,都是一個發光體。能對自己負責,能為自己追求的生活付出努力,才是我們人生莫大的幸運。

# 有人花前月下，
# 有人花下個月的錢

　　現在的人很奇怪，有人花前月下，有人花下個月的錢。

　　「新貧族」這個名詞，概括了大多數初入社會的年輕人的現狀。受過高等教育，外表光鮮亮麗，拿著看似不錯的薪水，追逐中產的品味和生活方式，背地裡卻成為信用卡黑名單候選人，他們容易產生「只要『剁手』速度快，債務就追不上我」的錯覺。雖然已經工作幾年了，但幾乎沒有積蓄可言。

　　一篇報導曾對現代人的生活狀態做出總結：能買吸塵器就不用掃把；吃完酪梨又要吃藜麥；500 塊錢一張的面膜用起來也不心疼；口紅兩三支不夠，要集齊全套；租房得租獨立廚衛，還要帶落地窗的房。

　　追求美好的生活本沒有錯，最怕這所謂的美好，是一戳就破的表象。

這是當前社會的通病，從實體店到網店各種慢性洗腦：犒賞自己、文青穿搭、享受當下及各種充滿小資情調的宣傳，讓很多人誤以為生活就應該是那樣，不能認清自己、找準定位，盲目跟風，誤以為自己跨入了與眾不同的圈子。

　　精緻、儀式感、愛自己是如今各大銷售平臺慣用的行銷手段，告訴你快來買，買了就是投資自己，用了就代表精緻，曬了這些就代表你已經比別人高人一等。

　　人們熱衷於在社交網站上曬出自己精緻的生活，以此來滿足自己的炫耀欲。想傳達的不是「我買了一個商品」，而是「我有消費名牌的經濟實力」。即使買這件東西存了很久的錢抑或分期付款，都不重要。

　　習慣把物質抬到過高的位置，過於看重「被大家看到」，來標榜自己生活得很好，美其名曰「生活需要儀式感」，然而這些充其量不過是戴上虛偽帽子的「偽儀式感」。

　　到底是自己真正過得舒適重要，還是活成別人眼中精緻的樣子重要，很多人已經無法分辨了。

　　即使是暫時地沉浸在眼前五光十色的生活假象裡，過不了多久，也會被現實狠狠地拖曳出來，打回原形。

　　潮流永遠屬於年輕的窮人，精心打造出來的美好，或許能

讓不明真相的人羨慕不已,可戳破虛假後,只有自己知道真實的生活有多糟糕。

這種所謂的精緻,所謂的儀式感,其實只是一種假象、一種作秀罷了。

生活需要儀式感,這一點並沒有錯。但真正的儀式感並不僅僅是購入幾組大牌護膚品,買了美妝部落客推薦的口紅,在網紅餐廳拍下幾張照片,在落地窗前發呆那麼簡單的事。

人生沒有多少詩意,生活是一張瑣碎的網,我們在各種細碎的東西上編織美好。精緻並不會高於生活,它是插播在生活中的一個個精彩的節目,它應該是源自內心,融入生活的。

真正的儀式感是將平常、細碎甚至有點糟糕的生活,過得認真而講究,過得開出花來。這才是精緻本身的意義,看上去光鮮亮麗,私底下妥妥帖帖。

我非常贊同一句話:「真正的生活,是在能力範圍內享受到最好的,比平庸更講究,比奢華更自由,不必等到一切準備就緒,但也不能透支未來。」符合收入狀況的、簡約的消費觀也能做到體面的精緻,也能把生活過得有滋有味,大方得體。

精緻是處心積慮地照顧自己,不用名牌堆砌,沒有矯情做作,全是由寵愛自己的小細節集結而成,精緻點滴與生活一氣呵成,融為一體。

自癒自樂方案

## 抄寫一首你愛的小詩

## 戀愛和頭髮都越來越少

現代人對待愛情這件事,其實挺懶惰的。

「80後」忙著帶小孩,「00後」忙著談戀愛,「90後」在中間,兩頭都不碰。到了一定的年紀,就得逼著自己變成那個屋簷,再也不能找別的地方躲雨。

如今,大家已經不會輕易付出真心了,不是因為不喜歡,而是相對於喜歡來說,更想好好地保護自己。在經歷一段又一段戀愛後,對愛情的渴望並沒有以前那麼強烈。身邊人來人往,真正走進內心的可以說是零。被人暖一下,能熱兩秒,被人冷一下,就徹底結冰,都在感情和理性、付出和所得之間找平衡。互相尋找,彼此逃避,像是一場交織著激情承諾和迅速脫身的芭蕾舞姿。

來了就來了,不來就算了。已經過了那種收到一個「晚安」能甜蜜激動半天的時候,開始學會考慮以後,權衡利弊了。

也許這就是大人的感情吧!放在天秤上小心計量,你給我幾分,我還你多少。

「非常非常喜歡一個人,喜歡到不和對方在一起生活好像都沒有意義」的狀態,或許一生只會出現一次。這是一種情緒體驗的巔峰時刻,一旦過了,急轉直下,人會陷入一種平和的失落。

極致的心動是限量的,你或許已經用掉這次機會了,或許這輩子也用不掉。

我們這一生中也會遇到很多人,有些來一陣子,有些來一輩子,誰都不是預言家,沒有誰一開始就能猜中結局。電影《大魚海棠》裡有段台詞說:「我們這一生很短,我們終將會失去它,所以不妨大膽一點,愛一個人、攀一座山、追一次夢⋯⋯不妨大膽一點,有很多事沒有答案。」

哪怕衝動,也就是後悔一陣子,但要是活得太畏懼,就會後悔一輩子,而我們有且僅有此生。比起失去和別離,從未擁抱更讓人難過,不是嗎?

想愛的時候用力愛,有酒的時候就去喝。未來的路這麼長,走錯幾步也無妨。人生是一場接替一場的未知冒險,誰也不知道未來會發生什麼。一輩子那麼長,輸幾場沒什麼好懼怕的。

賭球你都敢下注,輸到頂樓見也不肯認輸。面對愛情的時

候，怎麼就猶猶豫豫像個懦夫了？人生有些選擇題，永遠無法繞過去，你不能因為害怕失去，就不去擁有。

其實是想告訴你們，「愛無能」這種病不需要治，哪怕它是單身過久誘發的現代疾病，哪怕它被各種條件捆綁住。等你真的遇到那個人了，陽光微暖，櫻花飄落，自然藥到病除。相愛相處或許是一種能力，愛上某人卻不需要能力。

愛是不需要練習的，你也不需要每天思考「我到底該喜歡什麼樣的人」、「那個人出現的時候會是什麼樣子」。當那個人來到你面前時，你心裡就會像被什麼東西敲了一下，「叮」，心裡想「好啦好啦，是他了」。

我之前一直覺得自己年紀不輕了，不再相信無緣無故的愛，希望喜歡我的男孩子把喜歡我的原因一條一條列出來。後來才發現，能有什麼原因呢，喜歡就是莫名其妙的，是你自己都沒辦法解釋的東西，是「別的都不管了，我先豁出去愛一場」。

別想那麼多了，喜歡一個人是一件多麼有意思的事，要什麼法則呢，何必非要探究所以然呢？畢竟，與有情人做快樂事，別問是緣是劫才對呀！

嘿，祝你在漫長的歲月裡，總有一次，愛得盡興，那一定會把你從人生的無趣裡打撈出來。

愛應該是坐下來，

一起攤成兩塊安心的五花肉。

不需要高談闊論，

也不需要指點江山，

你順向撫摸我的脊背，

我轉身撓撓你的肚皮，

一起度過瑣碎平凡但熱騰騰的人生。

珍惜目前隨時隨地能分享的關係，
因為很多時候，
都是對方的及時回應，才讓你的快樂加倍。

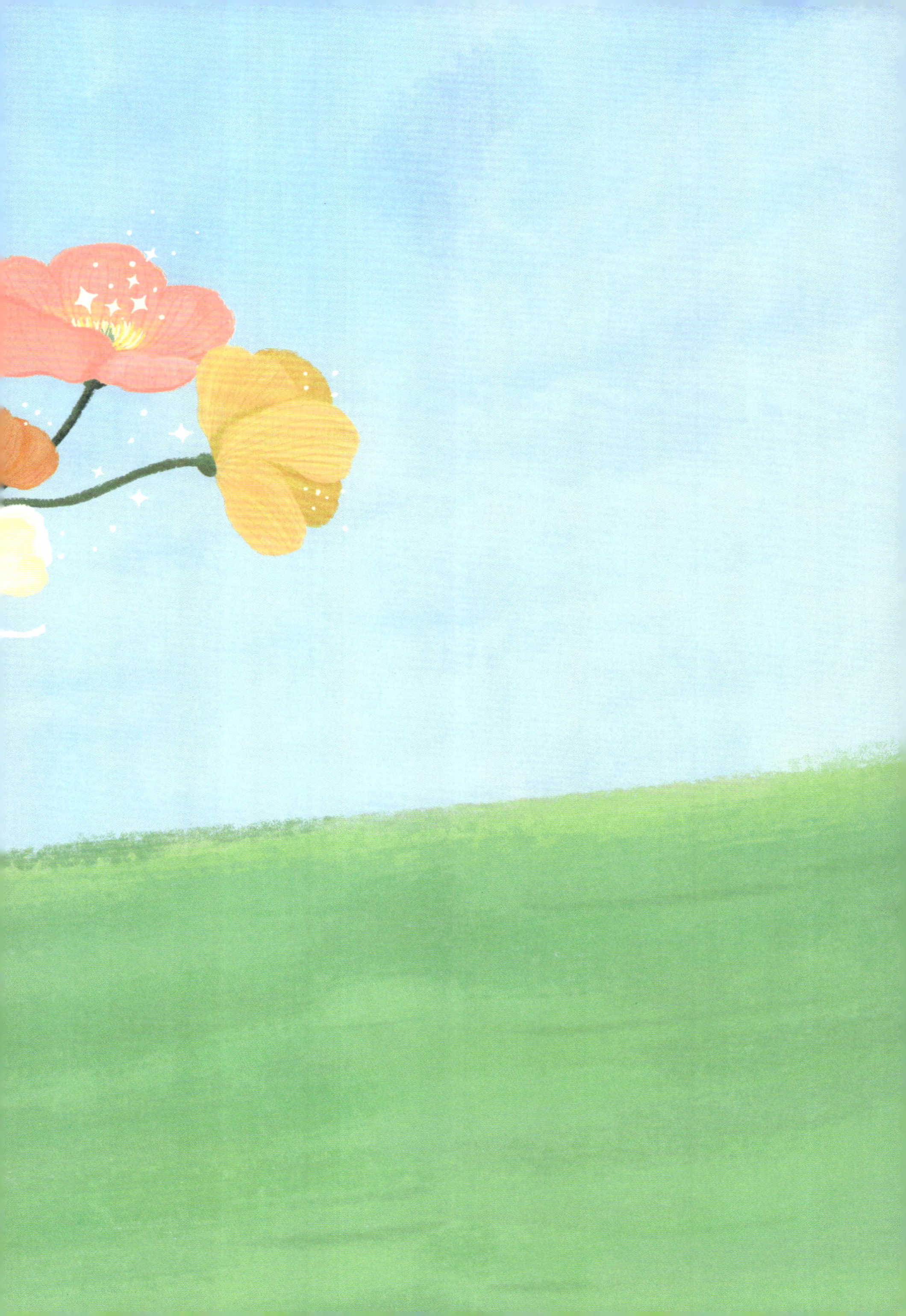

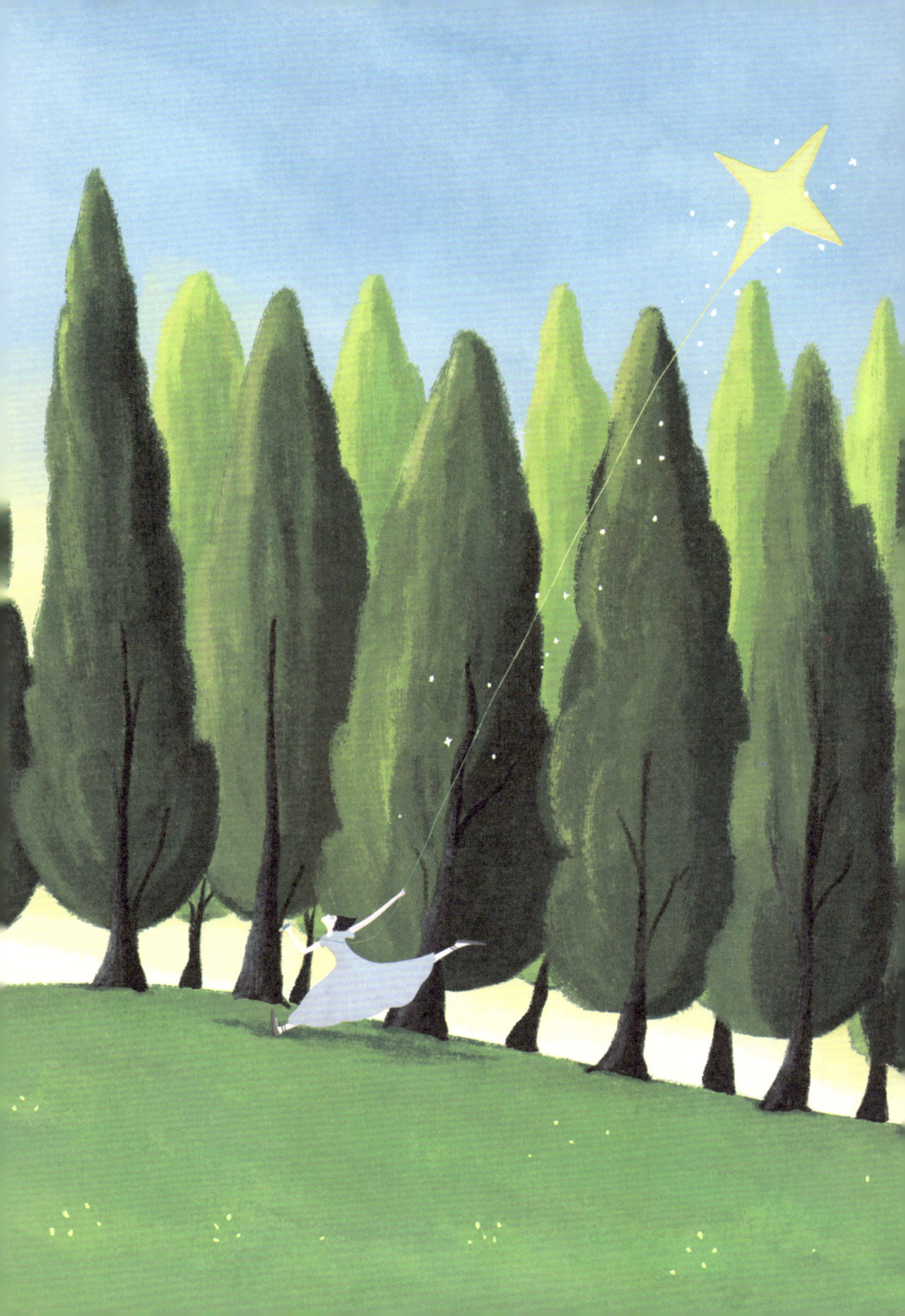

任何關係，預設長期都是不現實的。
想和一個人長久地做朋友或者和某人共度一生，
都不如自然地相處。
命運把你們帶到哪裡，就是哪裡。

不要太執著於人與人之間的關係，
長久熱鬧的陪伴是不可求的，
能夠有過一段彼此照亮的路，
已經是一種饋贈了。

一扇不願意為你開的門,

一直敲是不禮貌的。

這世間所有的不盡如人意,
都沒你想得那般無能為力。

後來你才發現，
熬夜是緩解壓力的一種方式。
爸媽睡了，孩子睡了，
老闆睡了，競爭對手睡了，全世界都睡著了。
你用這好不容易偷來的時光，
趕緊做點自己喜歡的事。

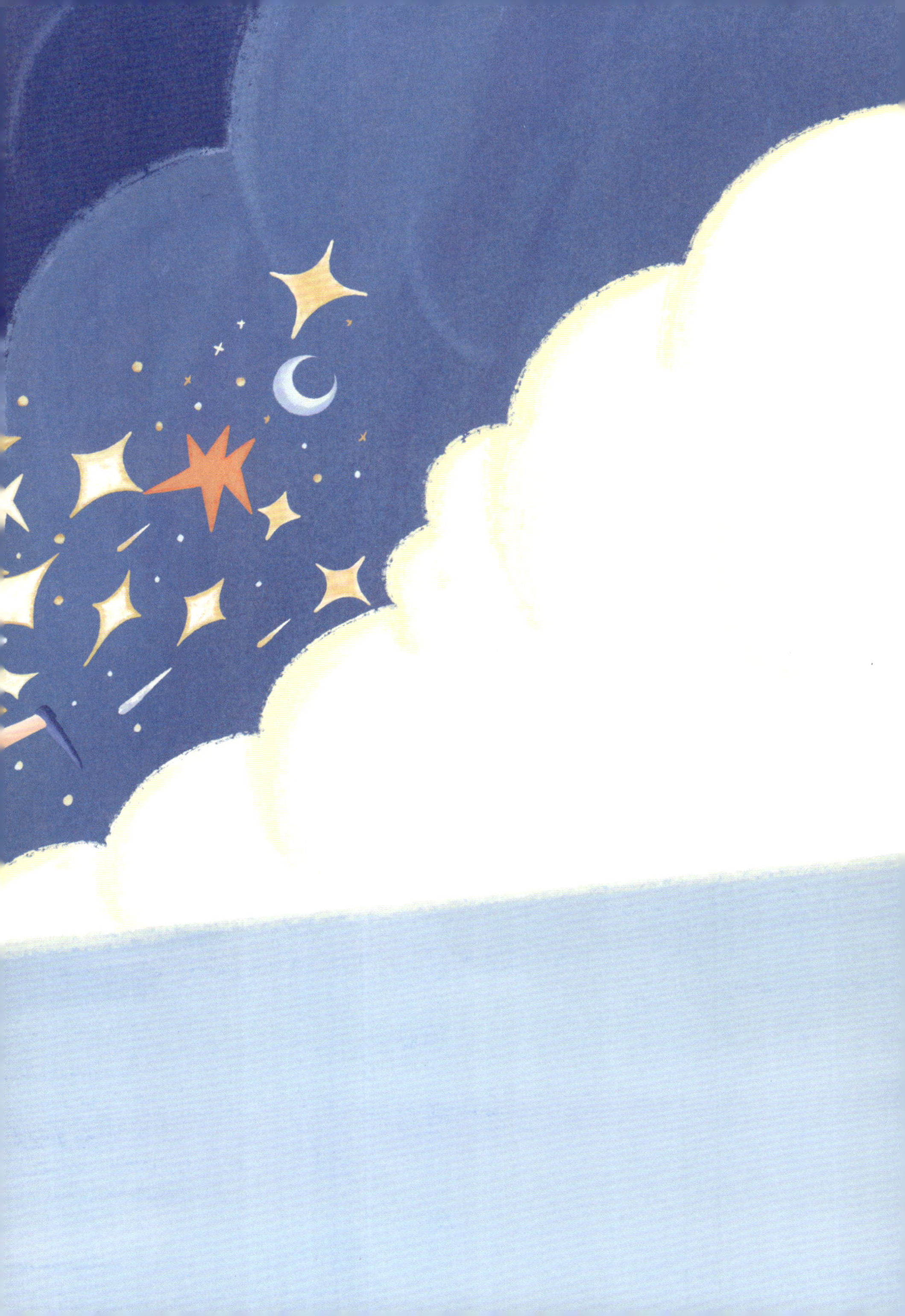

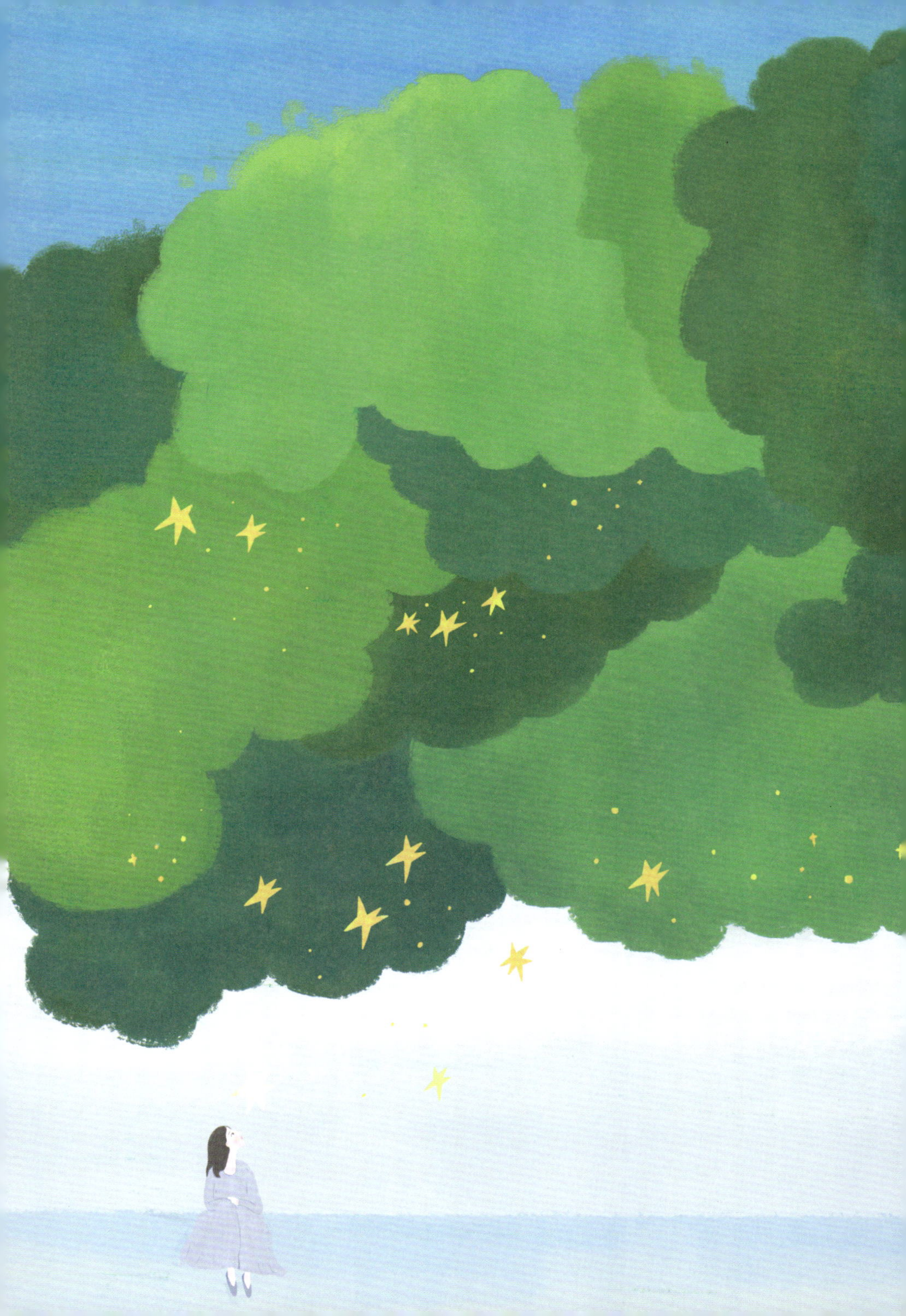

長大不是逞強,

而是你的內核逐漸穩固、堅毅。

不要害怕受傷,

因為生活的苦難從來不會因為躲避而消失。

永遠喜歡鮮花,喜歡儀式感。
喜歡驚喜撲面而來的感覺,
也喜歡每天過著普普通通卻又閃閃發光的生活。

希望我們都能在速食時代裡,遇到小火慢燉的粥。
慢慢來也沒關係,
愛是一遍又一遍地重複不同瞬間的心動。

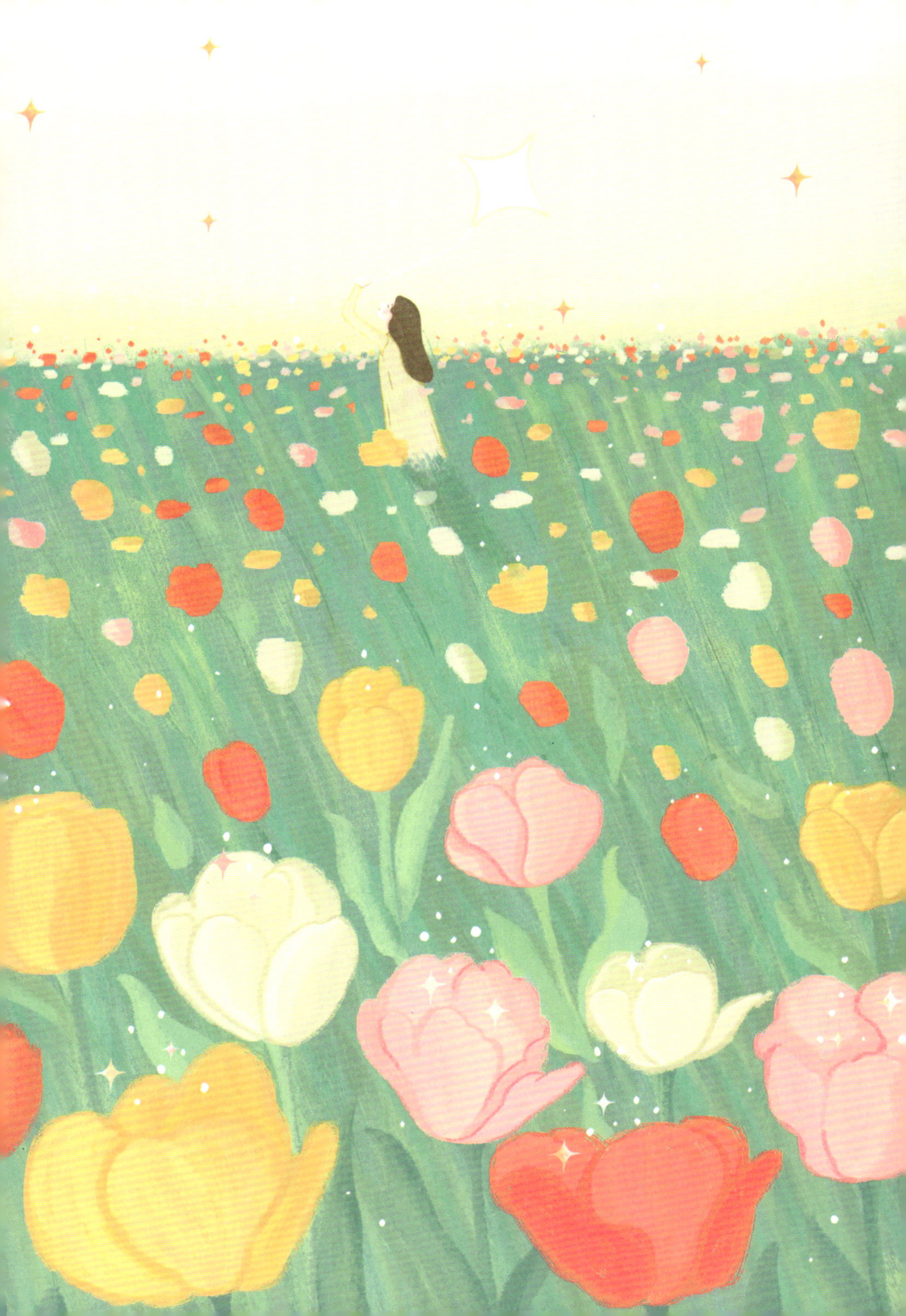

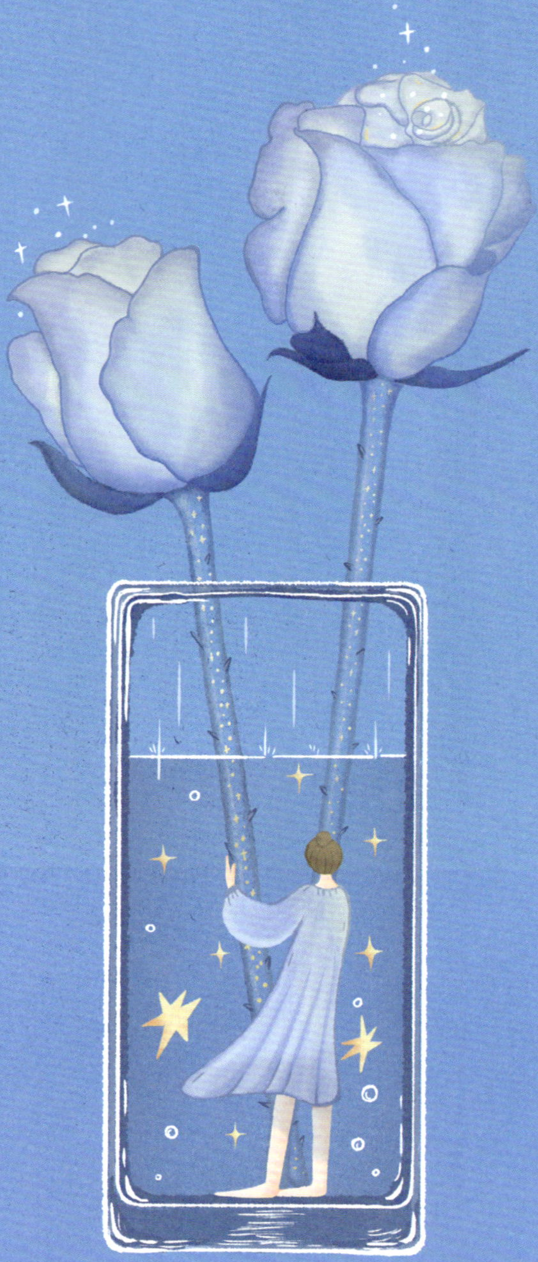

男人固然要有擔當,
女人也不能逃避成長。
長久的感情,
不是絕對的獨立自主和絕對的被對方照顧,
而是在兩種模式之間來回切換。
當你的實力不如另一方的時候,
還期待對方來拯救你,
這不是愛情,這是想得美。

### 見字如面，隔空陪伴

## 50封女孩們的私訊／上篇
## 你時常問，我永遠答

**Q.01** 留學回國工作以後，感覺和爸媽溝通變得吃力，互相不理解。

**A**：你的媽媽可能溫柔，可能嘮叨，但不管到什麼時候，她不懂你都是正常的，因為她一輩子都生活在她的圈子裡，她沒有機會去見你見過的世界，更沒有機會體驗你有幸體驗的人生，所以希望你努力變優秀，對她有耐心，帶她去見識世界的多元，而不是站在她有限認知的外面，去指責她的狹隘。

同樣，你的爸爸或許固執，或許乏味，曾經在你眼裡是能夠搞定所有麻煩的英雄，可如今超能力貌似也消失了，你會明白，爸爸終究還是凡人，也有他搞不定的、卑微的、遺憾的事情。他之所以看起來還在撐著這個家，是因為他必須以「父親」的身分站在你面前。

## Q. 02

參加戶外露營認識一位新男生,他會提醒我天氣降溫,叮囑開車注意安全,還會跟我分享一天中遇到的趣事,我也是第一時間回覆他。我們經常用社群軟體聊天到凌晨,互道「晚安」,週末也會約好一起看畫展、去動物救援站。這樣的狀態持續三四個月了,他還是沒有正式表白。特特你覺得,曖昧能修成正果嗎?

**A**:曖昧這事吧!其實是挺浪漫的。

如果有人能做到持續曖昧下去也挺厲害。但戀愛本身就像一株植物,發芽、開花、結果、枯萎,循環往復。我們得接受曖昧的消亡和冗長的平靜。

如果只是為了追求最開始的刺激、新鮮感和自我優越感,那無論換多少人,都是在把同一件事情重複很多遍而已。時間一長,浪費的是自己的情感成本。

所以我想,曖昧能否修成正果,看緣分,看造化,更看你們兩個人的心意。不要懷疑愛情,有問題的是人,不是愛情。

## Q. 03

特特,我 35 歲依舊單身。每當想到不幸的原生家庭、一團亂的生活、破碎的自己,突然就不怨了,愛我的人要一片一片撿起來將我拼湊完整,實在是太辛苦了。

**A**:愛你的人會開開心心的,邊撿邊喃喃自語:「太好了,這一片是我的,那一片也是我的。」

**Q.04** 既然無法保證贏,還要那麼努力拚搏嗎?

A:可是人生就是這樣啊,誰都無法保證我們所有的努力一定能指向一個確定的結果,但在努力的過程裡,我們已經在逐步剔除、減少靠近目標路上的不確定因素。

你接受的教育越多,就越容易分辨是非好壞,有機會重塑自己的三觀。你身邊的人素質越高,就越珍惜自己的羽毛,不那麼容易作惡。你擁有的資本越多,選擇權也就越多,遇到糟糕的環境和「渣男拜金女」,才能瀟灑起身說句「不奉陪」。你走得越高越遠,就越有可能遇到那個能幫你排除錯誤選項的人,也越有可能獲得破解迷霧的智慧。

這才是你值得為之一搏的概率。

**Q.05** 我是一名大四畢業生,昨天和老師同學拍了畢業照。特特,回憶該如何保存?

A:聽過「普魯斯特效應」嗎?是指當你突然聞到曾經聞過的某種味道,就會開啟當時的記憶,氣味才是時光機。

所以,每瓶香水其實可以留一點點,沒必要噴到底。很多年以後再翻出來,洗澡後在手腕和耳後噴幾下,換雙小白鞋下樓走走,彷彿走在那年夏天的時空裡,多好。

**Q. 06** 人和人之間只有一段路的緣分,是不是很可惜?

A:有些事情就是這樣,情感會消散,愛可能會變成不愛,但總有一些東西是會留下來的。

很久以後,你再回頭看,那些對方給你帶來的好的影響都還在自己的身上閃著光,就不枉相識一場。我以前也質疑過「但願人長久」,一路告別、捨棄,做一些不得已的選擇。但我現在不這樣想了,月亮不屬於任何一個人,但某一刻,它的光確實照亮過我。只有一段路的緣分,已經非常幸運了。

**Q. 07** 為什麼真誠的人遇不到真誠的人?

A:兩片相同的拼圖,不能拼到一起也不奇怪。

**Q. 08** 喝那麼多「雞湯」,怎麼活得還是那麼「心累」?

A:當你把時間和注意力放在嚮往的事情上,為自己的生活真的積極起來了,就像在心裡裝了一根定海神針。無論外面怎樣驚濤駭浪,烏煙瘴氣,你都能向著自己心中的願景,按照自己的節奏,持續地去行動,去堅持,接近目標。這樣的你,才能活得一點都不「累」。

**Q.09** 跳槽到新公司,厭煩社交,不想跟同事們溝通。

A:人是獨立性和社會性的統一,你需要有實力,以區別自己和他人。但也需要懂人情,才能融入更大的群體。栽在梨園裡的蘋果樹,也要努力結出蘋果。除非你遺世獨立,不食人間煙火。

**Q.10** 人們為什麼能忍住不聯繫想念的人?

A:有些聯繫一旦斷掉,就再也沒有勇氣撿起來。

**Q.11** 他做什麼才能證明我真的遇到對的人呢?

A:什麼都無法證明。感受當下就好,問問自己的心。畢竟唯一不變的就是人在不停地變。

**Q.12** 美貌的紅利,能吃多少年?

A:很難回答你具體多少年。美貌作為加分項,乘以別的能力,會讓得分翻倍。如果把美貌當成全部籌碼,沒有豐富的內心和練就的本事作支撐,它給你人生帶來的濾鏡,碎得比你想像中還要快。

**Q. 13** 求職第四個月,還是沒有滿意的結果,感覺自己走進一段黑壓壓的路,不知道什麼時候才能看見光亮。

**A**:不要把一時的不如意當作大結局。沒有誰的生活是完全順利並且絕對美好的。生活從來都是福禍相依、好壞並存的,有暴雨就有晴天,有荊棘就有鮮花,不要擔心也不必焦慮。

當你深陷低谷,時運不濟的時候,也是你即將迎來高光的時候,因為老天總會把好的東西放在苦難的另一邊。

**Q. 14** 特特,有什麼戀愛忠告可以分享嗎?

**A**:戀愛可以,但戀愛腦不行。戀愛是生活的一部分,絕對不是全部。打個比方,比如你是顆饅頭,遇見他以後,你可以是可愛的饅頭、柔軟的饅頭、熱氣騰騰的饅頭,但你不能變成餛飩、水餃、包子。

**Q. 15** 要多漂亮,才能被愛?

**A**:看了那麼多女明星被辜負的花邊新聞,你還不明白嗎?他不愛你的時候,你美得像天仙都沒有用。被愛的前提不是漂亮,被愛是緣分。

> **Q.16** 特特姐,怎麼才能擁有鬆弛感?好像擁有鬆弛感的女生更高級,更受歡迎。

A:寶貝,沒有足夠飽滿的人生,哪來的鬆弛感?要麼出身富裕,要麼功成名就,擁有的足夠多,有足夠抵擋風雨的能力,才能高枕無憂,才能姿態好看,波瀾不驚,不爭不搶。生來就為學歷、職位、買房而衝鋒陷陣的人,哪來的鬆弛感呢?

不要看網路上那些「有鬆弛感的女生才是最迷人的」、「跟有鬆弛感的人談戀愛有多甜」、「你離真正的美女只差一點鬆弛感」這種 PUA 雞湯。好像不懂鬆弛感,就不配擁有自信,就不夠優秀。鬆弛感是一種結果,是你一路走來,生活給你的一份小禮物。在閱歷、能力充足,經濟自由之前,不必糾結自己是否有鬆弛感。沒有鬆弛感,為了想要的東西風塵僕僕,並不可恥。

**Q.17** 默默喜歡、陪伴一個人七年了,有時候覺得自己傻,有時候覺得自己偉大,呵呵。

A:默默喜歡、不求回報這件事很偉大,但真心建議不要做,你要的是愛,你要偉大幹嘛?

## Q.18 交情很好的朋友也會互相嫉妒嗎？

A：友情的可貴，在於那個人是你選擇的沒有血緣的家人，但有愛不代表沒有競爭。我們要允許友誼裡不是只有甜，還有競爭和比較。在「我不希望他比我過得好」這種敵人心態的背後，其實是害怕自己不夠好。切記，當愛與競爭面對面時，不要讓競爭占了上風。

## Q.19 姐姐，你說失戀有什麼意義嗎？

A：我被這個問題問住了，對大多數的女孩來說，失戀後很可能出現兩種情況：一種是陷在情緒漩渦裡無法自拔；另一種是找一些方法催促自己趕緊度過最難熬的時段，快點忘掉前任開啟新生活，卻很少有人提及失戀的意義。

只要是付出真心的感情，走到盡頭，誰都不好受。哪怕你曾經所托非人，但付出的愛沒錯，切記不要否定自己。哪怕你再難過，你曾經的愛也不是假的，不要總是盯著愛的痛苦，也應該學會記住曾經的那些甜蜜。畢竟，感情的消失，就好像冰箱斷電之後，裡面的食物變質了一樣，冰箱沒錯，食物也沒錯，只是不來電了。

有些感情，就是用來經歷的，不是非要有個結果，才算「結果」。

**Q. 20** 老闆經常要求加班，一點不顧及員工們的感受，真是受夠了！

A：不妨先做出點成績，再去強調你的感受。

**Q. 21** 前任回頭找我，我不知道該不該答應。

A：過了期的情感就像是開罐太久的可樂，味道可能尚在，可那股一下子就讓人鼻腔一爽的感覺卻再也沒有了。其實，我們都懂的，時過境遷，有些錯過真的不可惜，有些人真的不必太想念。

**Q. 22** 暗戀一個人兩年，想去表白卻沒勇氣，怎麼辦？

A：也許誰都成不了踩著七色雲彩的蓋世英雄，但若真的愛了，還請你愛得勇敢一點，別枉費邱比特射中你的一番美意。

**Q. 23** 想要找一個有錢的男朋友，這有錯嗎？

A：沒錯，我也想找。我們當然可以「希望男朋友有錢」，這沒什麼錯，更不犯法。但是呢，想要在感情裡坦然接受兩個人的經濟互動，最好的選擇還是做各自都很有錢的人。

## Q.24

和最好的朋友漸行漸遠怎麼辦？

A：我曾經給我的閨密寫過這樣一段話：

我希望你能夠在最好的年紀做最好的自己，永遠都能開心，談戀愛開心，單身也開心，不要委屈自己，如果以後的日子裡見不到，我會記住曾經那些有趣的事情，見面時互相傾訴，互相溫暖。但願我們各自忙碌的時候都能照顧好自己，過好快樂且充實的生活。

想我了，就打電話找我，發消息給我，甚至跑來找我一起出去嗨一場，都可以。我沒什麼溫柔的話語，但只要你奔向我，我一定會先給你一個超大的擁抱。不管多久沒見面，我們彼此都還是老樣子，脾氣差，說話大聲，不注意儀表，可是永遠笑得那麼開心。

如果哪天我們之間的關係沒有以前好了，也不要惆悵，也許大概是人之常情罷了。畢竟在不同的地方，各自都在忙於學業，結識新的朋友，舊的友情變得疏遠也是常態。人與人之間的關係原本就很淺薄，稍不留意就會可有可無。一起走過的路本來就很珍貴了，無論怎樣，還是會覺得很高興認識當初的你。但我還是希望我們的關係能一直保持當初那樣好。

## Q.25

給他發訊息，總是發十條回覆一條，他是真的忙，還是不願意理我？

A：這是一個人人手機不離手的時代，他要是想回你訊息早就回了，不回覆就已經是答案了。

# 臉上笑嘻嘻，
# 心裡「去你的」

　　長大是一件掃興的事。

　　從前我們是愛哭的，喜歡依靠別人，如今呢，總是對著世界擺出一副冷冰冰的撲克臉，變成了習慣硬撐的大人，心裡做好了各種高度警戒，用來應對各種妖魔鬼怪和突如其來的惡意。好處是我們終於學會了堅強，學會抵禦生活裡一切的不善良。壞處是，時間一長，你會忘了撲克臉上有愛上揚的嘴角，變得冷漠和麻木。

　　成年人會做一些假裝自己不在意之類的蠢事，然後在某個情緒堆積的夜晚，抱著沾了淚水的枕頭一起入眠。內心沙塵暴捲走了一座又一座城市，殘垣斷壁又被海嘯沖刷，心碎成了沙子，就算撿起來都根本沒法拼好。

　　這種程度，說出來的卻是「沒什麼啊！怎麼了？」就像小孩子要不到糖果，看似沒什麼大不了，實則會在心底大哭一場。

承認吧！我們都是在深夜裡崩潰過的俗人。沒有哪一趟險途不是讓人遍體鱗傷的，考研究所失敗、四處求職無果、工作上替別人背了黑鍋、一個人深夜頂著高燒去醫院吊點滴、相戀多年的人說不愛就不愛了……

　　太多黑暗時刻，如同泥石流一般撲過來，讓你滿心苦澀。哪有什麼十里洋場、風花雪月，光是生存，就已經讓人筋疲力盡了。

　　但我想，上天為我們安排這些磨難與挫折，並不是想考驗我們能否一笑而過原地滿血復活，太多的經歷我們都不可能睡一覺之後便從容面對，這些磨難的安排其實是讓你學會去承受痛楚。

　　無論你在那些突如其來的艱難到來時如何咬緊牙關，總會在某一個瞬間覺得難以抵擋。沒關係，你可以在沒人的地方痛哭一下。與其為過去的人和事折磨損耗自己，不如好好哭一下，然後拍拍裙擺上的灰塵，繼續往下一個路口奔跑。

　　有時候擁抱負能量，是比宣揚正能量還需要勇氣的。因為清楚地知道自己不會被一時的痛苦打倒，即使被痛苦淹沒頭頂，也清楚地知道，悲傷之後，依然可以像從前一樣地站起來。日子還要繼續，悲痛總會過去，你終究會自己走出來。

　　這樣的自信，是一個人不逼迫自己逞強的底氣。

難挨的日子裡,烏雲在頭頂上行走,無論奔跑、蹲下、閃躲,都沒有陽光。但是,人生需要自帶希望,堅定不移地認為一切都會好,灰心了,就什麼都好不了了。

天上有光,會照你身上,你心裡有光,就會照在天上。

有一天,當你度過了一切驚險,獲得安穩時,你會發現過往的一切意外或許只是虛驚一場,那是包括「失而復得」、「有驚無險」、「劫後餘生」所有值得慶幸的事,都要美好百倍。

生活是一場修行,如果能夠承受巨大的失落,看著美好被歲月和生活消耗,還能在這樣的現實中,保持對生活的熱愛,才是真的長大。

當有人提出要獨處一下時，

請不要以為他在擺架子或是發脾氣，

他僅僅是累了，

需要充電。

# 別踮著腳尖愛一個人

一個人若是心裡有你，你根本不必討好；若是心裡壓根沒你，那更加不必。卑微的愛開不出花來，卻能滋長肆無忌憚的傷害和不知好歹的猖狂。

不對等的戀愛關係，說到底都是深情的那個人賦予對方的權利。愛情雖然沒有絕對的公平，但嚴重失衡一定是不會長久的。不想下半輩子都活在自卑的陰影裡，就趕緊遠離不懂得欣賞你的伴侶。

趙小姐身高 170 公分，身材勻稱有型。有次和男朋友一起逛街，趙小姐特意穿了一條很襯膚色的紅色吊帶連衣裙去赴約，對方看到的第一眼，說了句：「原來你喜歡這種俗氣的顏色啊！」這條裙子趙小姐再沒穿過，被她掛在衣櫃最裡面，並被她在心裡貼上了「羞恥」的標籤。

由於工作壓力大，趙小姐的額頭上偶爾冒出幾顆痘痘。對

方便一臉嫌棄地問她，可不可以下次見面前先化好妝。

她的好友忍不住問：「妳男友不是在開玩笑吧？」

趙小姐猶豫了一下：「我也不知道，他昨天還批評我背的包包難看，口紅顏色不適合我。不管是不是真的，我心裡真的不舒服啊！」

我實在是聽不下去了，忍不住打斷：「人家嫌棄你都這麼明顯了，還問真的假的。」好友們一下安靜了下來。

恕我直言，這種喜歡用語言暴力打壓你來獲取自我優越感的男人，你離得越遠越好。

對方喜歡齊耳短髮，趙小姐剪掉了心愛的長頭髮；對方喜歡打遊戲，趙小姐計畫著幫他買個什麼款式的滑鼠和鍵盤，能讓他玩得更靈活；對方喜歡運動鞋，趙小姐托朋友從美國寄來一雙限量版球鞋送給他⋯⋯

儘管她做了這麼多事情，對方對她依舊是不冷不熱的態度。在朋友面前，還擺出一副高高在上的模樣。

幾個月以後，趙小姐對我說：「我決定分手了，我覺得自己好累好累，像是快要窒息了。」我想，趙小姐一定是徹底寒了心，才知道什麼叫作「自作多情」。

要踮起腳尖去愛一個人，一開始就重心不穩的感情，遲早

是要垮掉的。與其厚著臉皮，忍著性子去取悅一個不可能愛你的人，還不如忍著痛放手，來成全他也成全你自己。

愛情不是一件透過努力就能實現的事，你再怎麼取悅迎合也填不滿感情的無底洞。愛情很美，世界也很好，但如果你身邊站錯了人，那你的全世界也就錯了。

父母辛苦將你養大，可不是為了讓你在一個男人面前委曲求全、痛苦不堪的。你在父母的寵愛裡長大，你要找的，也是一個能給你呵護，懂得欣賞你的人。

你只有在這樣的感情中才能真正成長起來，透過這樣的感情來感受到這個世界的美好，他會讓你懂得如何看清自己，進而完善自己，變成越來越好的自己。

感情裡大家都明白「實在不行就算了」，只是通常很難解釋什麼叫作「實在不行」，對有的人來講，不能受一絲絲委屈，如有怠慢，便是不行，而對有的人來講，哪怕忍無可忍，亦覺還行，尚可再忍。

你喜歡的人也是凡人，是你的喜歡為他鍍上金身。切記不管你愛上誰，都不要在感情中忽視了自己的內心，忽視了自己在這段愛情當中是否真的獲得了快樂。

想戀容易，因為五官；

相處太難，因為三觀。

# 無趣像一種絕症,
# 連知識也解不了它的毒

我們每個人多半的生命力,似乎都耗在修煉成熟優秀的內功,以及與世界的死磕搏鬥中。一不小心就會被生活磨成一個無趣的人,自己卻還渾然不覺,依舊過著乏善可陳的日子。

從小到大都被教導要做一個優秀的人,要腹有詩書,要儀態萬方。可從沒有人告訴過我們,如何去做一個有趣的人,將這無趣的世界活成自己的遊樂場。

工作、賺錢、地位等固然重要,但是生活才應該是一個人全部的事業。

因為有趣的人不一定讀萬卷書,但是他們的內心是豐盈的,即便是住在臨時組合屋裡,依舊有搭個花架種幾盆花的情趣。他們不一定行萬里路,但憑著一股腦對生活的炙熱與好奇,總能把平凡的日子過得熱熱鬧鬧。

你這一輩子過得開不開心、滿不滿意，不在於你生活在紐約還是巴黎，而在於你有多少激動人心的故事，有多少個熱愛生活的瞬間。

在這個人才濟濟的世界裡，永遠不缺少各式各樣的人，可唯獨有趣的人最難遇到。和有趣的人在一起，不需要飯菜下酒，有他的故事就夠了，可飲風霜，可溫喉。

如果一整天你都為自己的生活付出心意，學會了規定的單詞，讀完了必讀的書，收尾了工作，寫完了稿子，簽訂了合約，健身沒有偷懶，沒有忘記澆花……那麼，當你遇到態度不好的計程車司機，多收錢的便當店老闆，排隊插隊的蠻橫野人等，基本也會一笑置之。

因為生命要浪費在美好的事物上，你該有你最恰當的定位和最精彩的人生。

不信你看那些光芒萬丈的女孩，哪一個是楚楚可憐抬頭等待王子來吻醒、依靠男神來拯救的？

那些能把愛情經營得有聲有色、風生水起的女子，一個人的時候也絕不是淒涼孤苦、自怨自艾的。她們在獨自生活的時候就保持了製造新鮮和樂趣的能力，所以她們的愛情，不是「沒你不行」，而是「有你更好」。

好的性情比好的外貌重要,反思自我比洞悉對方重要,修養品德比掌握技巧重要。對於獲得更多的人生滿足感而言,成就一個自強獨立的自我比成功地維繫一段親密的兩性關係更重要。

無論你將來會遇到一個什麼樣的人,過上一種什麼樣的生活,生活都是先從遇到自己開始的。

休息這件事，不是要你一直在家睡覺。

去做一些自己感興趣的事，

生活沒有解藥，但止痛藥很多，

比如跑步、健身、閱讀、養花、看展……

記得培養一些看似無用的愛好

來支撐生活的疲憊，

哪怕是隨手拍拍路邊的花草，

都是你給自己充電的小辦法。

## 18 歲到 28 歲

　　每個人都有過失戀、失業的經歷吧？躲在家裡喝得爛醉如泥，整整哭了一個月，像個傻子一樣不斷地自我懷疑，為什麼那個人不喜歡我了，為什麼那個公司不要我了，為什麼生活好像只跟我開玩笑？找不到出口，蜷縮著身體，很冷很冷。不知道還要熬多久，不知道還可以堅持多久。

　　像有人拿著刀子在你的心上惡狠狠地畫了幾下，沒有人知道你會有多疼，你只要想起來就會顫抖。那個階段你或許每一天都過得渾渾噩噩，失去了那些人，失去了那些事，就好像失去了整個世界。

　　直到有一天，你看到他在社群網站上貼了一張新女朋友的照片，也發現身邊的好朋友剛剛升了職，你突然發現在這段時間裡，給了自己太多太多的內心戲，將自己折磨得痛不欲生，而其他人的生活都在按部就班地向前走著，自始至終就只有你

一個人還停留在原地。

20歲出頭時，你稚氣未脫，成熟尚早。這時的你元氣滿滿、能量爆棚，錯了就改，跌倒就爬起，你不知道什麼才是正確的人生，即便四處碰壁，但你似乎並不害怕，對未來既迷茫又渴望。

27歲，你心性漸熟，面臨催婚。親戚在聚會時，會有意無意說起你該考慮結婚的事。初入職場，發現自己的情商和能力似乎都一般般，有時候難免心慌，到底還要不要堅持。

30歲，不知該如何形容這個階段。有人結婚生子，升級做了爸爸媽媽，聊的是孩子的才藝班該如何選；有人少年心氣不減，不在外面闖出名堂絕不回家，說起自己負責了新專案，眼裡帶光；還有人身上的刺一根根地被拔掉，想說的嚥下去，悲或喜都能不動聲色。

於是某天失眠的凌晨，你忍不住發出感嘆：原來長大這條路，不好走。

這個世界上不只你一個人有低谷期。每個人都有自身的侷限，在漫漫的人生長河裡，老天不會饒過誰，每個人都要被迫經受不同的挫折和傷痛。不信你去情感部落客的評論裡看看，每一條的苦都夠我們懷疑人生的。

命運總是變著辦法去考驗一個人，它總會挑一個時間段，把你丟在一個冰冷的、氧氣稀薄的地方，讓你不得不拼命地大

口大口呼吸。感覺整個人煩了、累了，不想哭也不想傾訴，好像腦子生鏽，手腳罷工，倒楣起來連喝口水都嗆到。可是生活又有什麼勝利可言，所有的成長不僅痛，還鮮血淋淋，因為成長注定是一場自我的艱苦訓練。

人生很多時候不是故事，而是一個個的事故。不過命運大多如此，但如果這樣都沒有弄死你，那它就會把你帶到更暖、更明亮的地方去。

在這個不知所措的年紀，一切都那麼不盡如人意。於是我們會領教世界是何等兇猛，如果你現在過得不是那麼順心，那麼恭喜你，或許你正走在人生的上坡路上。

別人的憐憫從來就沒有真正的療癒作用，還難免帶著少許嫌棄的敷衍。破碎的生活，要靠你自己一片片拾起，拚湊完整。

你並不是負能量的人，

只是容易傷心的小孩。

敏感和悲觀，並不是你的錯，

你已經很棒了，

不需要去跟別人比較，

向前看，好運會來的。

# 賺錢，
# 是給自己謀膽

朋友說：「你好好一個文藝青年，不要總提錢，俗氣。」
我反駁說：「可，錢是我的膽。」

對於一般人來說，我們賺錢，等同於在給自己謀膽。

做自己、隨心活，甚至是放空偷懶，都是需要資本的。憑藉自己的努力和價值換取金錢，任何人都沒有理由和藉口來無端指責。

別以為愛錢很俗氣，我們活在塵世裡，為了生活拔腿跑起來，塵土飛揚，都是一樣狼狽的。

關於精神世界和物質的關係，我曾經看過這樣一段話：「精神可以支撐物質，它是人的信仰；但物質的節節高升，也能夠帶來精神世界的更高追求。歸根結底，金錢是手段。」

這世上唯有自身的能力和銀行卡裡的積蓄永遠不會背叛

你。你不會因為沒錢而陷入困境,也不會因為買了貴重的衣服鞋子而擔心下個月的生活費,因為你賺錢的能力能夠為你的消費水準提供保障。

努力賺錢,不只為了大方買下心儀之物,更是為了擁有可以對不喜歡的人和事說「不」的底氣,遠離你不喜歡的圈子,遠離那些消耗你的人,可以更多按照自己的想法來活。

努力賺錢,不再和陌生人擠著分租,擁有一間屬於自己的房子,或許不必很大,可以添置自己喜歡的物品,即使每天上班遠一點,也甘之如飴。

有些東西,你富裕了不一定能得到,但如果你窮困,真的就只能想想了。

窮困帶來的最大的痛苦,是根本沒有選擇「要」或者「不要」的權利。擺在面前的只有一條路,那就是要不了。

我真的不想一輩子都過著買東西要先看看價格,日子過得緊巴巴的生活。更不想在我家人萬一生病住院急需用錢的時候,因為少得可憐的存款,而讓他們忍受病痛。

我的外婆是肺癌去世的。去世前因為年紀偏高而不能動手術,醫生建議保守治療,其實所謂的保守治療就是長期服藥。抗癌藥費用高昂,每次聽見家裡人討論老人用藥費用的事,我心裡都特別怕,怕因為沒有足夠的錢讓本就瘦小的外婆受癌症

折磨。每一次外婆咳血，我心裡就流一次淚，總覺得如果使用更貴更好的抗癌藥或許能減輕外婆的痛苦。

　　錢這個東西，在很多事情上，或許你心態好一點，多多少少可以無所謂，但在親人的疾病面前，錢就是命。有人說，凡是能用錢擺平的事情都是小事。說這話的大多是有錢人。對窮人來說，凡是需要花錢解決的事，都是天大的事。
　　我愛錢，想努力賺錢，沒什麼「高大上」的理由。無非是讓自己和家人活得更好，去渴望的地方，愛渴望的人。而這些，都需要錢。
　　這算不上勵志，因為這理由太普世，人人都是如此。

　　旅遊書籍暢銷時，行腳節目收視率飆升，一句「世界那麼大，我想去看看」，越來越多的年輕人以「再不出去看看就老了」為口號，迫不及待地想要立馬來一場說走就走的旅行。
　　我相信，世界很大，也的確值得我們去看看。但是出走和到達的前提，是有資本和條件。那些含著金湯匙出生的幸運兒就不說了，大多數為生活奔波的普通人，應該問自己三個問題：「我有資本嗎？物質得到保障了嗎？旅遊回來一段時間內的資金空缺怎樣才能補上？」

所有你想得到的美好,都是需要付費的。

星辰和大海,是要門票的。詩和遠方,路費也很貴的。當你還沒有達到談詩和遠方的能力時,請在當下好好努力,因為很多事情真的離不開物質支撐。

錢買不來所有的快樂,但錢能在你和快樂之間搭上一座橋,讓你踏踏實實地走在上面,走向另一端的美好。

好希望不久以後,當別人質問我:「你不就是有點錢嗎?有什麼了不起?」我可以理直氣壯地回答:「對呀!我就是有錢啊!」

嘿!你看,多酷、多囂張、多坦蕩。

**Q** 10個繞不開的人生問題／6

# 「永遠快樂」這種願望是不是永遠不會實現？

**特特的答案**

沒有煩惱這句話,
不但渺茫得不能實現,
並且荒謬得不能成立,
所以我不祝你永遠快樂,沒有煩惱,
只祝你一路走來,跌跌撞撞的瘀青,終能消退。

請在右頁寫下你的答案

## 心裡沒你的人

　　橘子小姐在朋友的婚禮上,遇見了陸先生。那天在大合照的時候,陸先生站在橘子小姐的左邊。

　　也許是離心臟的位置很近,橘子小姐一下就記住了這個令她心跳加速的人。那天兩人互相加了通訊軟體,一個月後,發展為情侶。

　　打從這段感情開始的第一天,橘子小姐就成了那個付出比較多的人。她從前十指不沾陽春水,如今為了他下廚煲湯做菜。她愛惜皮膚如命,仍願意熬夜陪他看球。

　　原本在愛情裡,誰付出的多一點,誰付出的少一點也無法計較,誰讓愛情是不講道理的呢!可是陸先生似乎並沒有因為有了女朋友而改變,依舊我行我素,偶爾甚至絲毫不顧及她的感受。

有次橘子小姐半夜胃痙攣痛腰挺不直，打電話給陸先生。

陸先生顯然因睡夢中被吵醒很是不爽：「你先喝點熱水，現在太晚了，明天如果還痛再去醫院吧！」

最後橘子小姐不得不打電話給好朋友，兩個女孩半夜去了急診。在吊點滴的時候，橘子小姐眼淚止不住地流。男友那如刺骨寒風般冰冷的態度，大概比胃痛更讓橘子小姐難過吧！

一個不懂得心疼你的人，永遠也體會不了你的處境和難處，也感知不了你的委屈。他懶得給你製造浪漫，也不會發自內心地關心你、呵護你，這些在他看來都是浪費時間和精力的事。恕我直言，你在這樣的人身邊，每一天都是世界末日。

一個人再優秀，心裡沒有你，那對你來說就沒有意義。你要找的，是有人擔心你有沒有按時吃飯，心疼你漂泊異鄉。

很多女孩子都說，當我需要你的時候你不在，那麼以後你都可以不用出現了。我們一直苦苦尋找的，所謂愛情的東西，無非就是渴望得到被人心疼和心疼他的感覺。

你永遠也叫不醒一個裝睡的人，就像你永遠也捂不暖一顆不靠向你的心。

一個人對你的好，並不會被立刻看到，因為洶湧而至的愛，來得快去得也快，而真正對你好的人，往往是細水長流。

你可能會怪他沒有付出真心，但在一天天過的日子裡，卻

能感覺到他對你無所不在的關心。好的感情,不是一下子把你迷暈,而是細水長流地把你寵壞。

真正心疼你的人,捨不得你皺一下眉頭。所以我一直相信,一個原本乖巧懂事的女孩,變得歇斯底里、不可理喻,八成都是被喜歡的人給逼出來的。

誰不希望自己一輩子在蜜罐裡泡著呢?一個女孩,不管多麼獨立好勝,骨子裡都住著一個小女生,等待被保護。如果不是背後空無一人,如果不是得不到愛,誰願意披荊斬棘,扮演一副刀槍不入的樣子。

只是沒有人心疼,不得不刀槍不入、百毒不侵。

那些打著「愛你」這個幌子,卻讓你在感情中反覆糾結受累的人,多半也沒有你想像中那麼愛你。

無論我們曾經**轟轟**烈烈地愛過多少人,希望我們最終都能嫁給愛情,嫁給那個能留下來的,深沉的,不作聲響的,像大地一樣踏實,像被窩一樣舒服的,不離不棄的人。

就好像吹過春天慵懶的風,走過夏夜無人的街,踩過秋天路邊的落葉,欣賞過冬夜裡的飛雪。世界都變成一封情書,「我愛你」沒有句號。

一個人要是真的喜歡你，

他怎麼都向著你。

有人稱這叫偏愛，

有人稱這叫護短。

我認為這叫愛情。

## 過得像照片裡一樣好

前幾天和幾位好友吃宵夜。

大力的女朋友望著我說:「聽大力說你是寫文章的,真羨慕你呀!能靠興趣養活自己,不用朝九晚五、看人臉色。比大多數的上班族自在多了,我和大力還差得遠呢!」

我笑笑,不說話,因為我不知道該如何回應這種羨慕。我總不能說,就在剛剛臨出門吃飯前,我還在跟同事聊圖書市場視察的事。而且等等回到家後,我還要準備明天開會的資料。

別人下班了就是私人時間,而對於以寫作為生的人來說,任何時間都可能是上班時間。時常寫作到深夜,去醫院也要背著電腦,一邊等叫號一邊趕稿,真的不是誇張。

靈感來的時候興奮得要爆炸,沒靈感的時候悲觀沮喪,會有一種自己不被這個社會需要的感覺,會覺得自己很沒用。時刻要睜大眼睛觀察生活,這句話好要記下來,這個人的故事有

意思也要記下來,敏感到有些神經兮兮。

整個生活,都圍繞寫作在生長著,一旦寫作這個樹根有了病恙,生活的枝微末節都會跟著灰暗起來。如果說上班族是朝九晚五、看人臉色,那自由職業就是朝不保夕、靠天吃飯,誰都沒有更輕鬆。

有人看著你的照片會說這個人過得真滋潤、真瀟灑,然而實際上,我或許過得確實不差,但也絕對沒有照片上那麼輕鬆。

這不傳奇,也不僥倖。

吉娜歪了歪嘴:「羨慕她?才不是呢!跟她碰面機會可難得了,約十次出來一次,還得帶著電腦,要不就是拿著手機。和朋友聚會聊天的時候也要抱著收集故事素材的心理,一刻也放鬆不下來。」

「我看她分享的美食美景總不能是假的吧!」

「哈哈,她那頂多是善於發現生活中的美好,拍拍照片保持文藝青年的形象。」

照理說粉紅泡泡被戳穿,場面應該有點尷尬。可我心裡高興得不得了,笑嘻嘻地舉起酒杯與吉娜碰杯。

的確,如果你閒來無事去滑一下社群軟體朋友動態牆,可能會出現這種情況:天哪,為什麼每個人都比我美、比我優秀、比我活得精彩?別人好像都是上蒼的寵兒,昨天分享美食

美景，明天被喜歡的人表白，後天要去美國進修。

有女孩問我，是不是只有她的人生一團糟，那些又美又不愁吃穿的人，是不是根本就沒有煩惱？

我笑，「你看到的，可能只是她活得最好時候的狀態」。

你不知道那個簽了大訂單的女孩，背後改了幾十遍設計方案；你不知道那個貼旅行照的男孩正在和女朋友鬧分手；你也不會知道，那個自己買了房子和車子的女人，因為穿了一整天的高跟鞋此刻腳掌酸痛得難以入眠。

富豪有富豪的煩惱，流浪漢有流浪漢的辛苦。不同的生活軌跡匹配著不同的煩惱，真讓你去走一下別人的路，你未必能感到快樂。

忘記從什麼時候開始，我們很難從社交網站中看到負面情緒。就算偶爾看到一條心情不佳的狀態，過幾個小時再去看，就已經被刪了。更多的人會張貼聚會，拍拍藍天白雲，分享旅途美景，轉載時下熱點，說些不痛不癢的話。

小時候，我們總愛放大自己的痛苦，受了一點傷恨不得昭告世界。現在，我們卻習慣隱藏自己的痛苦，那些四下無人的難過，那些深夜失眠的輾轉難眠，那些不開心的事和想要發洩的情緒，都被長大後的我們管住了。

社群網站上甄選最上鏡的那段日子，像是你生活的剪報。

在按下發送鍵的同時，那些幾乎完美的照片，已經替你把糟心倒楣的破事一筆勾銷。你不過是把不好的過程，藏在了社群網站這個龐大的 App 勾不到的地方，然後一個人默默吸收。

生活不是糖罐，在我們那些小小的美好背後，是漫長的苦海。動態牆照片都是真的，可那並不等於生活的真相。

社群軟體本意是為了記錄和分享真實的生活的，如今它變成了實現理想的捷徑、彰顯幸福的競技場。可惜在真實的生活無法加上調色功能，也不能被剪輯。我們在其中體會失去，瞭解珍惜，品嘗離別，得到成全。

這或許是我們來這世間走一遭的真正意義，所以，為什麼要羨慕別人？你手裡擁有的便是最好的。

你不用假裝過得很好，這個世界上沒有幾個人是你的觀眾。

當你想到了以前，那些光景歷歷在目，除了三兩親友關注的眼神，唯有你默默地獨自面對世間喧囂。那些你很在意的事，經過歲月的洗滌之後，在你的記憶中變得無足輕重起來，那是因為它們早就應該結束了。在這個世界上過得好的人，都是該吃吃、該喝喝、該哭哭、該笑笑，不逃避、不畏懼的。

願你成為真的過得很好的人，像你的照片裡一樣好。

# 路還長，
# 需要你加把勁

　　人生如戲，應該是打遊戲的戲。打過這一關意味著下一關更困難。可要是打不過這一關，那接下來都沒得玩。

　　電影《我的少女時代》裡的第一句台詞就說：「我常常幻想，長大後的我會是怎樣的，從理想的學校畢業，發揮才華，實現夢想，然後遇到一份完美的愛情，我的人生會像鑽石一樣閃閃發亮。」

　　當夢想照進現實，女主林真心長大後的男朋友是個超沒耐心的傢伙，老闆是加班狂魔，而她自己亦是唯唯諾諾，成了同事茶餘飯後嘲諷的對象。

　　旁白話鋒一轉：「從來沒有人告訴我，原來長大以後，你可能只會做一份不怎麼樣的工作，談一場不怎麼樣的感情，將就著過一段不怎麼樣的生活。」

這個開頭,可以說是很扎心了。

現實生活中也常如此。弄錯了一個資料被老闆罵得狗血淋頭,灰頭土臉地加班到晚上九點多,剛出電梯就發現自己的高跟鞋帶斷了,一步一歪地蹭到門口,正巧遇到在同一座大廈上班的男神。

他的車正緩慢地開出車庫,並沒像電視劇中那般停下來對你噓寒問暖,反倒是送了你一臉汽車尾氣附加一個揚長離去的背影。

無數次,我身邊的人,包括我自己,都會有被生活壓迫到想要靈魂出竅的感覺。面對做不完的 PPT 和改不完的方案,甚至要面對一些內心非常不屑但又必須面對的人與人之間的鬥爭。很多次,我們都會忍不住在心裡咆哮:「去你的,這不是我要的人生啊!」

當我們年紀還小的時候,哪個不曾懷著英雄夢想。但是日復一日,時間會說真話,別說當英雄,生活中那麼多不甘和苟且就會把我們折騰得腿腳癱軟。

人活著,本來就是要在各種無可奈何的狀態裡掙扎。沒能成為小時候想成為的那種人,是大多數人的無能為力。

電影《這個殺手不太冷》裡有段經典台詞。

小女孩問殺手里昂：「生活是永遠艱辛，還是僅僅在童年時才如此？」

里昂回答：「總是如此。」

生命的安排不是無緣無故的，你覺得此刻難以抵擋，是因為自己的能力還不夠，這時選擇咬緊牙關去忍耐堅持，恰好是鍛鍊自己的過程。你在一段時間裡積累了足夠的經驗和能力，再選擇更好的地方進行提升，進入人生的下一個關卡，這才是正確選擇。

忍耐著、堅持著，不是讓你停留在一個地方待到天荒地老，而是你要從這裡學習到東西之後才能有資格離開。

人要經過成長鍛煉，才有自己獨一無二的味道。

進入瓶頸時的焦頭爛額，進步甚微時的心灰意冷，看著別人追劇打遊戲心嚮往之卻不能做時的煩躁猶豫，辛辛苦苦學了好久卻毫無用武之地的失落和沮喪……這是我們每一個活生生的人，都會遇到的事。只是這些細節，不能與人言，也不足以與人言。

不管你現在是一個人走在異鄉的街道上始終沒有找到一絲歸屬感，還是你在跟朋友們一起吃飯開心地笑著的時候閃過一絲落寞；不管你現在是在努力去實現夢想卻沒能拉近與夢想的距離，還是你已經慢慢地找不到自己的夢想了。都要告訴自

己,當遭遇不公,人生出現小波折的時候,或許正是老天爺讓你放個假,此時不妨好好地享受這個突如其來的假期。

很多年後,當你回憶過去,很多人和事你都會忘記,唯一能證明你存在過的,只有你用力走過的路。

有時候,人生的可惡之處就在於——某一階段的風光得意決定不了這一生。根本沒有什麼一勞永逸、一錘定音的美事,能經營好這一生的,必是能保持對未來的美好憧憬,敢於做出抉擇,有所付出亦有所放棄的人。

一個人能否度過難關,並不取決於忍耐力,而是取決於他能否明白所有好與不好都是生活的一部分。在人生這條漫漫長路上,沒有什麼可以脫離現實,一切憂傷難過都是可以度過的。

起落不定的人生之中,巔峰未必誰都擁有,低潮人人都經歷過。這段路永遠是最費力、最磨心的,但它一定能帶你登上新的海拔。

**Q** 10個繞不開的人生問題／7

# 「變得更好」這條路，是不是很難走？

**特特的答案**

成長和變得更好，是溫柔又克制的過程。
溫柔面對生活的刺，
克制拖延，克制懶惰，
克制自己的壞情緒，
把皺皺巴巴的生活熨燙平整。

請在右頁寫下你的答案

# 告別比告白還要難

我以前覺得社群網站裡轉發醫學奇蹟的人很蠢。什麼查出絕症，隱居山林就好了；被推到火葬場，突然又復活；用了哪些奇奇怪怪的偏方，後來就康復了……

直到有親人離世的那一刻，我希望這些都是真的。

小時候我對死亡是無感的，看到電視劇裡說：「人死不能復生，節哀順變吧！」只覺得有一種冷漠。長大後經歷過親人的離世，才明白那種隱秘的痛和幻滅感。一秒之隔，人已經遙遠得再也見不到。

好像到了某個階段後，生活就會開始給我們做減法。有人匆忙地從你生命裡路過，從人生的列車下站，甚至還未叫醒酣睡的你。

沒有告別，沒有擁抱。

如果每個人都是一顆小星球，逝去的親人就是我們身邊的

暗物質。我們知道再也見不到他們，但他們的引力仍在。感激曾經彼此光芒重疊，而他們永遠改變了我們的星軌。

縱使不能再相見，他們仍是我們所在星系未曾分崩離析的原因，是我們宇宙之網的永恆組成。

遺憾和失去，是我們每個人都繞不過的人生課題。

告別比告白還要難，要是早知道要離別，朋友會不會更懂體諒，戀人會不會更溫柔，家人會不會給彼此更多陪伴，對世界會不會更容易心存悲憫。機場比婚禮殿堂見證了更多真摯的親吻，醫院的牆壁比教堂聆聽到更多禱告。

每個人，都由他所經歷的故事組成。「離別」意味著要為一段你用生命和時間體驗、書寫的故事畫上句號。這個句號往往不是主動為之，而是被強行書寫的。畢竟，很少有人願意把自己的一段經歷，以及這段經歷中與自己有過共同故事的人貼上封條，塞進再也不會打開的倉庫裡。

最近幾年，我面對了許許多多次告別，說了很多「再見」、「對不起」、「謝謝你」，還有沒說出口的「我想念你」。

我開始學著接受一切主動或是悄無聲息的告別，親情、友情和愛情。生活會繼續，它永遠有下一個階段。

我記得，吉本芭娜娜在小說《廚房》的後記裡寫下這麼一

段話:「人不可能永遠和摯愛的人相聚在一起,無論多麼深切的悲哀也會消逝,一如時光的流逝。」大概就是這本書想要告訴我們的:一切都會過去,我們終將學會告別。

坦然地接受分離和告別,也是長大的一部分。面對現實,學會接受,保持成長,讓自己的往後餘生,過得坦然充實,堅信自己一定能夠過上全新的生活。這也是對離開的人和曾經的自己,最大的慰勉。

在一檔音樂節目裡,我喜愛的歌手樸樹現場演唱歌曲《送別》,唱前半段時還算平靜,可唱到「情千縷,酒一杯,聲聲離笛催」時,他突然情緒失控,聲音哽咽,然後轉過身去,掩面大哭。哭完以後,他沒辦法繼續演唱,示意和聲繼續。他捧著麥克風,虛晃著身體,似乎錐心的往事湧上心頭,令他萬分悲慟。

我記得有的熱評說「樸樹太矯情,這也值得哭」,而另一個熱評說「我真羨慕那些聽不懂的人」。我也羨慕,真希望你們如今風華正茂,依然不懂離別的悲傷。

不懂也好,這輩子都不要懂最好。

生活中有四件事可以改變你,愛、音樂、文字和失去。前三件事讓人心生希望,請允許最後一件使你變得勇敢。

無論你上到哪一層臺階，

階下有人仰望你，

階上有人俯視你。

抬頭自卑，低頭自得，

唯有平視，

才能看見真正的自己。

# 信神信鬼信星座，
# 就是信不過自己

　　關於「水逆」，搜尋引擎給出的解釋是，由於水星運行軌道與地球自轉帶來的黃道角度差而帶來的視覺上的軌跡改變，「水逆」會影響記憶、溝通、交通、通訊等，會讓相關事宜的進行變得緩慢，甚至在過程中產生一些阻礙，讓人感到情緒低落。

　　在占星術中，「水逆」隨著週期與時間的輪換進入不同星座，造成相應的影響。如此看，「水逆」所造成的影響或是真實存在著的。

　　可是也別忘了，星座運勢從來不過是參考，個人有個人的境遇，不盡相同。

　　每當「水逆」之時，社群軟體的動態牆總是哀鴻遍野。

　　平日裡發著歲月靜好的女孩們，都開始訴說自己過得有多淒慘。一向正能量化身的男孩們，也是喪氣滿滿。好似往日掩

埋在微笑面具下暗潮湧動的情緒終於找到了宣洩的出口。

當一件不愉快的事發生，我們習慣拼命暗示自己，一切和自己毫無關係，找藉口為自己開脫。畢竟很少有人能坦然接受別人的批評和指責。那麼把責任丟給命運，就是最好的選擇。

一開始選擇逃避還會自責，漸漸地，放棄應承擔的責任太久就會習慣，無論事出大小，總是會把自己身上的責任枷鎖脫下。

「水逆」總會過去，當這種阻撓你的神秘力量消失後，你的生活就真的好起來了嗎？

與其花大把的時間考慮佩戴什麼轉運水晶，不如回過頭好好看看自身的問題，成長的開始必然是能坦然面對生活的種種不幸與難堪。

我們常常懷疑，為何別人總是運氣爆棚，而自己的生活卻總也好不起來。這是個什麼都講速度的時代，人人都恨不得一覺醒來就坐到了金字塔頂端，比如女大學生成為網路直播主月入百萬，比如某公眾人物作者發一篇爆紅貼文贏得各大廣告商爭相合作。

可你怎麼確定他們的成名是走運，而不是沉澱的飛躍呢？直播主下線後要在舞蹈室練舞到深夜，那位擁有千萬粉絲的作

者也常常會因寫不出東西而苦惱,可他堅持每天要有固定 4 個小時的時間用於閱讀和寫作。

運氣很偶然,但成功從來都不偶然,每一份好運降臨之前,都摻著一路的泥濘、眼淚和汗水,像滾雪球一般,帶來更多的機遇。

這些堅持了自己的選擇,並且拚盡全力做到最好的人,其實不需要謙虛地把成功都歸功於運氣,而那些什麼都不瞭解的「吃瓜群眾」,更沒有資格說他們「只是運氣好」。並不是所有的努力都會收穫好運,但所有的運氣一定是因為你足夠努力,才肯垂青於你。

我從來不相信什麼從天而降的好運,沒有誰的成功是「突發」的,哪有什麼一夜爆紅。所謂時來運轉,不過是順勢而為。積極努力的人,或許連上天也會網開一面吧!

你憑實力能抓住的,才叫好運氣。當你不抱怨「水逆」,不僥倖於運氣的時候,你的人生就真的有救了。

每個故事的主角都有自己的煩惱，

美人魚沒有腳，灰姑娘沒有錢，

睡美人沉睡了許多年。

但故事這樣才好看，

她們正是因為一點不完美，

而擁有意想不到的人生。

## 會點人情世故，
## 沒壞處的

　　年少的時候，我們對一切不按規則行事的人深惡痛絕。那時的我們不明白，這世間哪有一塵不染的人，成年人的世界也沒有那麼多的清白。

　　別在人性上輕易懷疑別人，也別在道德上過於看高自己。人從來都是萬花筒，沒那麼崇高，沒那麼偉大，但也沒那麼卑劣，沒那麼齷齪。這就是世界，也是人性。

　　我也不是一走出校園就明白這個道理。畢業那年公務員考試失利，我在當地的一家報社做記者，沒多久，我就發現每次我出的新聞稿在播出時都會被主編用溫潤的文字替換下來。那時的我不敢去問為什麼，心裡卻憋著股氣，為自己筆鋒犀利、態度明朗驕傲，認為改動後的新聞稿立場模糊，不是新聞人該有的職業態度。

　　半年後我準備辭職去外地工作，臨走前去和主編告別。在

我說了一些禮貌的告別話後,她只說了一句:「小妹妹,以後做人和文筆都委婉一點,沒有壞處的。」

如今在職場摸爬滾打了幾年,我才慢慢明白當年主編的好意。「我要在一個乾乾淨淨的地方,做一個乾乾淨淨的人」的想法有點幼稚。越長大越發現非黑即白、對錯分明的世界觀並不好用,甚至讓自己撞得頭破血流。世界才不會規規矩矩地按規則運行,太多人太多事處於灰色地帶。也開始懂得,三觀破碎這事誰都避免不了,而我們也正是在這一次又一次的破碎和重立中,知道我們根本改變不了這世界,能做的不過就是做好自己。

我們人生中最艱難的任務,就是自我分析,然後試圖理解許多人生真相與我們內心相斥的部分,並化解自己與世界的紛爭。

常常有人認為,成熟就是變得圓滑世故,違心話脫口而出,還會拍各種花式馬屁。這並非成熟,而是世故。成熟是調高內心的容錯率,變得寬厚而善良,知世故而不世故,歷圓滑而留天真。

真正有自己內心秩序的人,不會在表面上和這個世界的是非糾纏。你能學會理解人性的複雜和命運叵測,也有自己的原則,展現善良和溫度,包容那些冰山之下的暗流,就已經很不

容易了。

　　人是獨立性和社會性的統一，而人與人的互動，是一場場連續的博弈。你需要有實力，以區別自己和他人。但也需要懂人情，才能融入更大的群體。

慢慢你會發現，

沒有什麼人值得你浪費情緒去討厭。

小孩子情緒激動，

大人們習慣平和。

# 懂事才不是什麼美德

「懂事」，乍聽之下是美好的品德，但這幾年我越來越討厭它。

明明想變得更愛自己，卻總是忍不住考慮別人的感受，忽略自己也不見得讓對方滿意，到底怎麼才能成為完美的、受歡迎的女孩？

我一時語塞，這個問題好難。我只能說，任何時候當你感覺到自己委屈，還在委曲求全，步步退讓，是一種社交裡的下下策。若其中還有你對回報的期待，那真的抱歉，你八成會失望。

我在人際交往中也有過這種感受，也不知道自己是不夠自信還是其他原因，就是習慣性地委屈自己，成全別人。偶爾情緒極度不好，一改往日友善，身邊的人不僅不會想起從前我的懂事乖巧而包容我，反而會覺得我脾氣古怪，難相處。

很多人在心裡一開始就認定了「別人的喜歡、評價比自己的喜歡更重要」，所以也就不奇怪，為什麼那麼多人習慣性地放低姿態，努力讓別人能夠認可自己，至少不討厭自己。

　　明明你在開會之前做了很多準備，你有很多想法要表達，你覺得自己的方案是最優善的。結果有同事問可不可以在你之前上去展示自己的PPT，你說「當然可以啊」。結果她的方案全數通過，你的呢？連被大家知道的機會都沒了。

　　無論誰來找你幫忙，你都會一口答應並辦得妥妥的，比自己的事情還要上心。可你一旦遇到了什麼困難，卻從來不會找人幫忙，你覺得欠了人情難還，其實是心裡害怕沒人會真的幫你。

　　為什麼成為別人口中的好人？你對誰都維持著說得過去的禮貌，節日的時候還會準備小紅包發給大家，圖個熱鬧。但每個落寞時分，你卻不知道該跟誰聊聊心事。

　　按照年資分宿舍，有新來的小妹妹跟你撒嬌，於是你讓出了單人房，擠進了四人房。你珍藏了很多年的限量版公仔，因為親戚家的孩子喜歡，你不得不讓出。

　　體諒、慷慨、善良這些珍貴的品質當然要有，但是該維護自己的時候，也不要讓步，更不能手軟。「忍氣吞聲」和「委曲求全」都是爛品質，你覺得自己顧全大局做出了犧牲，可實

際上想要感謝你的人，真的沒有。

　　別人跟你道歉，你要說的是「我接受你的道歉」，而不是「沒事」、「沒關係」，因為你這樣說，他們還就當真了，以為你真的無所謂。

　　一個人吃虧的頻率太高，別人就會覺得你吃多少都吃不飽。就算你被折磨得精疲力竭，到了快撐不住的時候，別人也只會以為你是心甘情願，半點怨不得別人。

　　成熟懂事固然是一件好事，固然討人歡喜，只是這個世界上除了懂事和成熟，還有兩個詞叫作「委屈」和「不快樂」。

　　這種委屈自己換來的體面，就是對他人意見、態度的畏懼。一旦擺脫了這種畏懼，摘下「爛好人」的標籤，你就不再是被人隨便牽出去遛遛的萌寵，而是一頭人人見了都心生距離的獅子。

　　分清哪些情緒和需求是自己的，哪些是別人的，這樣你在做選擇時更能留意到自己的聲音。即使那個選擇會帶來一系列麻煩，你在應對的時候至少不會把時間用在懷疑自己和埋怨別人上。

真正有自己內心秩序的人，

不會在表面上

和這個世界的是非糾纏。

你能學會理解人性的複雜

和命運的難以預測，

擁有自己的原則，

展現善良和溫度，

包容那些冰山之下的暗流，

就已經很不容易了。

**Q** 10 個繞不開的人生問題／8

# 怎樣才知道,自己是否已經釋懷?

**特特的答案**

當你不再去逼問一件事發生的原因,
也不想再改變已成既定事實的結果時,
這件事,這個人,在你心裡才算正的過去了。

請在右頁寫下你的答案

# 別惹人煩

想聊一聊人與人之間的邊界感。

所謂邊界感,就是在任何關係中都要懂得適可而止、禮貌退場。

這裡所說的邊界並不指能夠精確到幾尺幾寸的物理距離,而更多帶有心理上的意義。它不可名狀,卻影響著人與人之間的互動與親疏。身體的輪廓將每一個人區隔開來,而心理上的邊界則保護我們處在一個平和、舒適的情緒狀態當中,不受他人情感壓迫。

每個人都有屬於自己的自我心理邊界。邊界畫出了自我和他人之間的界限,將你的內心世界和其他人區分開來。

然而,在生活中,總有人在我們私人的內心界限邊緣瘋狂試探。社群網站上有一個叫作「日常注重邊界感」的討論小組,裡面許多人提出的困惑,都和隱私被冒犯有關。

其中有一些討論很有意思。比如有人吐槽，用手機的時候，坐在旁邊的同桌總是盯著自己的螢幕看；有人說朋友發現了自己的帳號名稱以後，總是「監視」，自己不知怎麼辦好；還有人提問，室友的電腦壞了，想借自己的用幾天，應該怎麼拒絕；情侶就可以檢查對方的手機嗎？是父母，就可以翻看孩子的日記嗎？

　　看著這些貼文，我總會長呼一口氣：「看來不只我一個人感到困擾嘛！」

　　任何關係都要有邊界感。我們在人際關係中，如果遇到「自我邊界」被冒犯的情形，應該尊重自己的意願，勇於捍衛自己的「小世界」，這樣才能有利於關係的良好發展。

　　就像紀伯倫詩歌裡描繪的：「不管你們多麼相依相伴，彼此之間都要留出間隙，讓迴旋在空中的風在間隙中舞動。」

　　如果沒有邊界感，即使是愛，也會變成消極的東西。

　　當你知道自己想要什麼，能做什麼，擁有完整的自我意識，才能更好地主宰自己的人生。

　　認清邊界，尊重邊界，根據不同的關係設置不同標準的距離，這也是一個成年人應該具備的技能。

## 未必真的需要，
## 只是想消費而已

　　我們都體驗過瘋狂購物能讓人快樂，心理學稱之為「購物療法」，下單、收到包裹之前挺快樂，但這種快感持續不了多久，這叫快樂減退。得到一件東西的快樂是短暫的，期盼、籌畫購物的快樂卻比較持久。

　　人有慾望是合理的，但是慾望不能透支，慾望被透支得越徹底，人越容易失去自我，生活不會變得精緻，反而過得一塌糊塗。

　　特別想花錢的時候，其實並不是為了得到某個東西，只是想透過付錢這個瞬間得到快樂，獲得支配感，這種情況下就會買到很多非必需品和性價比低的東西，很多包裹拆開後再也沒看過第二眼。

　　過去幾年，我也曾被消費主義綁架過。

初來大都市，我看到時髦女孩背著名貴的包，路過那些看了菜單就不敢走進去的餐廳，這些我踮腳也未必購得到的東西，有人輕而易舉就可以擁有。

　　我被這些物質誘惑著，我想要賺錢，想聰明有趣，想要身上有光，想要自己的作品可以暢銷。會覺得做不到這些，就不會被尊重，不會被認可，也不會被好好對待。

　　那時的我，把賺到的錢大部分用來包裝自己，一萬塊錢的包我省吃儉用也要買一個，咬咬牙去吃至少一千塊的晚餐，去景點沒有請導遊講解歷史，而是找了 1 小時 1000 元的隨行攝影，只為拍照修圖發在社群軟體動態牆。

　　直到有一天我發現，我也許能擁有別人的同款包包，卻不能擁有同款的資源。我們坐在一樣的餐廳，並不意味我們有相同的消費能力。

　　當有一天，潮水退去，那些包包、飾品和美照，能成為我抵禦風險的鎧甲嗎？

　　不能。

　　女孩子的安全感和底氣不完全來自消費，如我一般出身普通的人，是要靠自己累積安全感和底氣的。

　　年輕人最好的「理財方式」是對未來認真的規畫。以能力

和需求為半徑,規畫一個有可能實現的圓,讓錢為你的真正需求服務。

後來,我把有限的閒錢用來買知識課程,把發社群軟體炫耀建立人設的時間,用來嘗試和摸索新的職業技能。我更加務實地賺錢和理財,只為了讓自己和家人的生活得到晉級改善。

我們買的許多東西,根本就不是必需品,而是為了構建一種完整生活方式的實驗品。很多時候我們買的不是物品本身,買的是「更好的自己」。

靠自己的能力滿足自己的小小虛榮心,是一件挺有成就感的事情。錢本身是貨幣,要是拿來奴役了自己,便是本末倒置。它可換得尊嚴,也能惹人狼狽。

再昂貴的物件都不是「自我」的某一種配件,縱然渾身上下遍布標注了不菲價格的高標,也未必能體現靈魂的價值。

要消費,但不要消費主義。
我們不妨透過重新審視自己和物品之間的關係,真正擁有對物品和人生的掌控權。

山無陵，天地合，才敢與錢絕。

錢買不來所有的快樂，

但錢能在你和快樂之間搭一座橋，

讓你踏踏實實地走在上面。

見字如面，隔空陪伴

# 50 封女孩們的私訊／下篇
# 未來還要相互陪伴一年又一年

**Q.26** 拒絕別人的時候，總是覺得對不起別人，心裡難受好多天。

A：你覺得心裡不舒服，大概是害怕在拒絕後就失去了這個朋友，但其實凡是會耽誤自己事情的求助，我們都應考慮一下幫忙的後果，用恰當的語言拒絕真的沒什麼。何況，當一個成年人開口提出要求的時候，他的心裡根本預設好了兩種答案。所以，給他任何一個其中的答案，都是他意料中的。接受被拒絕，是每個成年人都必須具備的心理素質。

**Q.27** 怎麼才能快速度過職場菜鳥期，成為女強人呢？

A：女性在職場想要占有一席之地，從來都像是一部血淚史，既要人美嘴甜，又要能力出眾。誰不是一邊強忍著淚水，一邊熬夜把 PPT 做完？

**Q.28** 好朋友之間的感情為什麼變淡？

A：或許不是你們不願意再敞開心，是走的路已不同。硬把對方拉在身邊，兩個人會不自在。即便是在自己的戰場裡發生了很多事，但就是一個字也說不出來，也一個字都不想說。這世間從無感同身受，大家都被生活折磨得遍體鱗傷，讓別人全盤拖住你的難過，是件難為人的事。

**Q.29** 看姐姐的書，姐姐一定是個很瀟灑的人，是不會為男生流淚的人吧？

A：不不，姐姐從前也是戀愛腦，有幸痊癒了而已。偶爾懷念的，從來不是那個人，而是當年為愛而莽撞笨拙，甚至有點少一根筋的自己。

**Q.30** 從小到大，都會因為胸小而被嘲笑，會羨慕其他女孩子凹凸有致的身材，好自卑。

A：寶貝，我現在越來越喜歡穿衣自由這件事。平胸怎麼了，小可愛、襯衫、吊帶、辣妹裝、中性風統統 hold 得住。迎風跑步沒有負擔，趴著睡覺毫不費力。管他什麼大胸翹臀、直角肩，自信和大方的女孩永遠會發光。

**Q. 31**

總是被身邊的人支配情緒,好煩。

A:慢慢你會發現,沒有什麼人值得你浪費情緒去討厭。小孩子情緒激動,大人們習慣平和。

**Q. 32**

到底什麼才是可愛?

A:可愛不是嘟嘟嘴,也不是花邊裙,而是一個成年人的自我救贖。

　　當你擁有了熟齡的天真和溫柔的兇猛,無論時間如何無情,世事如何破碎,你仍會保留赤誠勇敢的心性。在跌倒一萬次後,笑著說:「我知道這很令人難過,可這就是人生呀!」然後爬起來,拍拍裙子上的灰塵,繼續奔跑。我們把這種美,叫作「可愛」。它不流俗,不油膩,不取悅,不委屈。掠過虛偽的世俗,活得更真實而已。

**Q. 33**

單方面喜歡一個人要不要付出真心呢?

A:情出自願,沒有人能阻止你付出,但不要認為他會因為你的付出而愛上你,不要一邊付出成癮,一邊僥倖他會珍惜你。因為被需要不等於被愛,你有價值和可以愛你,分明是兩碼事。感情這事,單方面投入真的起不到什麼作用。

**Q. 34**

短暫擁有過,後來失去了,是獎勵還是懲罰?

A:不貪心的話,就是獎勵。還放不下的話,就是懲罰。

**Q. 35**

姐姐,我和你一樣喜歡×××,可是你有沒有覺得,他的新歌沒有以前的感覺了,好可惜。

A:他的嗓音不復從前了,可那有什麼關係呢!我也不再是把耳機偷偷藏在校服袖口裡的小女生了,大家也都不再年輕了嘛!

**Q. 36**

特特,為什麼越是長大,內心的痛苦卻越不允許被釋放呢?

A:現代人的崩潰是一種默不作聲的崩潰。

看起來很正常,會說笑、會打鬧、會社交,表面平靜,實際上心裡的糟心事已經積累到一定程度了。

沒人是銅牆鐵壁,無堅不摧。絕望的時候,會難過,會崩潰,會一蹶不振,都是再正常不過的事。如果沒有情緒地活著,真的就像一具行屍走肉。

所以,難過的時候你可以哭一下,明天再做大人。

**Q.37** 瘦這件事,真的重要嗎?

A:坦白說,對我很重要,但對你未必。如果你覺得,身材如何對自己的生活並沒有什麼不快樂的影響,那麼當個開開心心、隨心所欲的「吃貨」沒什麼不好。畢竟這世間的女孩子,無所謂美醜,皆是花朵。

**Q.38** 女孩子到底該活成什麼樣才對呢?

A:從來沒有「女孩子應該有的樣子」,如你如我,千差萬別,每個人都是不可複製的存在。也從來沒有「女孩子應該過的生活」,去做個獨一無二又有故事的女同學吧!

**Q.39** 沒有背景,起點不高該怎麼辦?

A:一個沒有背景的女孩,蛻變到自帶光芒的故事很多。只是這樣的故事或許說起來容易,卻不是幾句雞湯、幾句忠告就可以指點的。如果沒有背景,那就去成為自己的背景,賺很多的錢、買心儀的東西、撩最帥的男神。

**Q. 40** 如何才能練就自己的氣場呢?

A：你得熬,等歲月打夠你的臉,存夠你摔過的跤、吃過的虧、流過的眼淚和開過的眼界。等你依然能不卑不亢在作戰,你不認輸的時候。

**Q. 41** 特特,怎麼理解分享欲?

A：我始終覺得分享欲在哪邊,心就在往哪邊傾斜。這個分享欲,並不是大事小事、分分秒秒全都要告訴你,而是在心裡炸開小小煙花的時候,第一個想要邀請的人是你。

**Q. 42** 疲憊生活的解藥是什麼?

A：沒有解藥,但有止痛藥。比如書籍、音樂、熱愛,和一個能拉著你往前走的人。

**Q. 43** 人和人之間靠什麼保持長久舒適的關係?

A：靠共同特性和吸引吧!肯定不是壓迫、捆綁、奉承。

**Q.44** 為什麼有人就是喜歡抬槓和爭執啊？

A：人生不是辯論賽，與其互相說服，不如互相刪除。

**Q.45** 每天都在「搬磚」，何時才能真的享受生活呢？

A：除了你留多少時間給自己享樂以外，你還可以想想，你能把多少時間變得快樂。

**Q.46** 什麼樣的生活，才算得上是精彩呢？

A：有過「一些時刻」其實就夠了。假如人生大半是荒野，那些時刻能把荒野點亮。

**Q.47** 父親離開我三年了，我始終走不出來，經常哭，我好想他。

A：叔叔要是知道你掉眼淚該多傷心啊。寶貝，我明白的，親人的離開不是一場大雨，而是一生的潮濕。可是你想想，他比你早來這世界很多很多年，去下一個地方，肯定也要先去的。總會再相見的，到時候你跟叔叔說，後來在沒有他的人間裡，你有好好生活。

**Q. 48** 看別人的勵志故事,真的有用嗎?

A:我們讀著別人的故事、別人的人生,無非是想把他人的經歷,化成自己往前走的動力。

**Q. 49** 特特,在我異地戀的 5 年裡,我把你的書看了一遍又一遍。下個月我要結婚啦!雖然沒見過面,但這些年你的文字給了我力量,我可以寄一份喜糖給你嗎?

A:恭喜你呀!歡歡喜喜踏入婚姻的女孩,現在一定滿臉幸福吧!希望那場婚禮是你一心想要的;希望你能笑意盈盈地走上紅地毯,也能在送完賓客後,輕輕地關上門,帶著溫柔笑意看著房間裡的那個人。

**Q. 50** 特特,你的新年願望是什麼?

A:嗯……希望自己能繼續致力於女性成長,寫女孩是如何蛻變成長的過程,要是當個年輕富婆就更好了。

# 你為什麼不開心

為什麼我們變得越來越不開心?

很重要的一個原因是,我們想要的東西變更多了,被慾望所支配的我們,越來越難被滿足。

就拿我自己來說。讀書的時候,心裡只知道以後要工作,獨立一點,不要成為父母的負擔。至於更多更遠的,根本不會去想。看完今天的書,背好今天的題,順利地畢業,認為未來可期,即便是能力普通,沒有靠山,仍不知「懼怕」和「沮喪」是個什麼東西。

剛開始工作的時候,拿到實習薪資後的第一件事就是給自己添置一些生活用品,給狗狗囤些飼料。支出後發現帳戶裡還剩幾百塊的時候,竟還有點開心。即便合租的房子很破舊,房東有點難相處,社區沒有保安,哪怕在夏日的深夜為了洗澡而自己動手修熱水器的插銷,卻也真的是樂在其中。那時候月入

人民幣 2000 塊（約台幣一萬元）的我，滿口袋裡都裝著快樂。

當我真正住進屬於自己的兩房一廳的房子時，我又覺得或許自己的人生不止這樣，畢竟三百坪的單層住宅每天可以 360 度享受陽光。

剛剛寫書的那幾年，每本只能賣幾萬本，拿基礎稿費。那時候我想，希望自己的書可以加印賣到 10 萬本，成為暢銷書。這個願望，在 29 歲那年實現了。有天盥洗完癱在沙發上，腦子裡有個念頭一直在轉，「怎麼才能把書賣到 100 萬本呢！讀者的口味到底是怎樣的呢……」回過神，被自己的想法嚇了一跳，人的慾望果然是沒有「見好就收」的，而是隨著你掌握的資源變化而擴張。

很多人都說，有錢就會快樂。但實際上，即便是有一天你不再有經濟壓力，也會發現事實並非如此，因為錢和東西，永遠不夠多。

越是長大，心裡的慾望就越多，內心的企圖越難填平。我們喜新厭舊，我們不懂得珍惜。我們對這個世界有了好勝心，我們想要擁有更多的錢，更多選擇的權利，更好的發展機會，而當我們越往高處走的時候，「快樂」被我們丟在了哪裡都不知道。

快樂是什麼？

是那些值得被記住的積極情緒的體驗,它包含著對當下的積極心態和對未來積極的展望。

沒有妥善地處理好想要的東西和自己現狀之間的聯繫,沒有合理地安置自己的慾望,要的越來越多且越來越急,是我們不快樂的元兇。

到了現在這個年紀,我才漸漸明白,很多事,我們要先放過自己,才有領取快樂的機會。

每晚睡前,原諒所有的人和事。閉上眼睛,清理你的心。過去的就讓它過去吧!無論今天發生多麼糟糕的事,都不要讓眼淚流到新的一天。

不論是工作還是愛情,有時不必把自己拖得太累,學會放下,放下不切實際的期待,放下沒有結果的執著。什麼都在失去,過去的就別再翻回去,值得你在意的,唯有當下的快樂和即將到來的幸福。

放過那已經過去的坎坷和委屈,把更多的精力用來記取眼前的快樂和未來也許會出現的曙光。這不但是感恩生活,更是為了讓自己過得好一點。

你可以失望、可以痛哭,但不能絕望,永遠不要為難自己,

比如不吃飯、不睡覺,這些都是傻瓜才做的事。

　　無論未來經歷什麼、遇到什麼,只希望,你可以成為這樣的女孩:不管經歷過多少不平,有過多少傷痛,都舒展著眉頭過日子,內心豐盛安寧,性格澄澈豁達。偶爾矯情卻不矯揉造作,更不會尖酸刻薄,不怨天尤人,不苦大仇深。會對每個人真誠,對每件事熱忱,相信這世上的一切都會慢慢好起來。

　　「特特,你的 30 歲生日願望是什麼?」
　　「現在當個快樂的女孩,中年時當個快樂的阿姨,老年時當個快樂的老太婆,擁有快樂的一輩子。」

# 逃不掉的原生家庭

這幾年，原生家庭的概念和影響逐漸被大眾所熟知，也不可避免地成了很多人生活不順、心理不健康的「背黑鍋之人」。

內心自卑的，說是從小沒有從父母那裡得到過認可；性格敏感的，怪父母對自己的關愛太少；驕傲自大的，怨父母疏於管教；金錢崇拜的，說自己是窮人家孩子出身……

我留意過，無論是在身邊還是在網上，喜歡討論「原生家庭」這一問題的群體，大多是 17 歲到 30 歲的人。

年紀再小一些，根本還沒意識到原生家庭的問題，再成熟一些，人生方向已定型，再多討論也無益。而 17 歲到 30 歲，恰好是大多數人自我認知、自我檢視、自我思考以及自我懷疑的時期。

我們都開始發現自己的缺點和短處，發現自己卯足了勁，可能也無法成為小時候作文裡想要成為的那種很優秀的大人。

父母對子女的寬容、理解和尊重會變成盾牌、肌肉和能量，足以讓子女在日後的風雨人生中步伐穩健、底氣十足。相反，父母的刻薄、詆毀和冷漠會變成一種情緒綁架，像牢籠和黑洞，足以摧毀一個人本該光明的人生。

如果你用游泳來判斷一隻鳥的能力，那麼這隻鳥只能用一生來相信：自己是一個蠢貨。

什麼樣的家庭才能養出人格健全的孩子？從來就沒有標準答案。

但看了很多關於原生家庭問題引發的悲劇案例之後，我深深地覺得，三觀端正、情緒穩定、人格健全的父母，他們的孩子在心智、情緒、人際交往、感情等方面，才會有良好的走向，其中一定少不了愛、理解、溝通、引導。

不必總是去想「原生家庭欠了我什麼」，恰恰是原生家庭幫助我們看清自己，修補自己，而非用來怨恨。

在絕大多數的家庭裡，父母是愛我們的。但我們的父母，也是他們那個時代裡平凡的小人物。他們受限於陳舊觀念、知識水準、素質技能和成長背景，不能、不懂也不會表達他們對子女的愛。儘管父母悉心照顧，但成長過程中許多可能給你造成傷害、留下陰影的瞬間、細節，是他們無法預知和避免的。

有些事就是拼盡全力也未必能夠避免。

如果原生家庭傷害了你，你要做的是發現問題和改變自己，而改變自己的前提是換一種視角重新看待原生家庭，比如你的父母也只是普通人而已。

你討厭父親的平庸，卻不知道他也曾是個懷揣夢想的少年。你嫌棄母親的嘮叨，卻不記得她也曾是個對鏡貼花黃的姑娘。

**你是第一次當孩子，他們也是第一次當父母。世界上沒有那麼多極端可惡或者完美無缺的父母，他們也只是有著各種缺點的普通人而已。**

我們不逃避原生家庭帶來的問題，也不否定我們的一生多多少少都會受到父母的影響，但這並不是一道無解的難題。

我們的一生很長，不是沒有修復的機會。決定人生好壞的，除了家庭，還有自己。你還有很多時間，把原生家庭給你帶來的負面影響降到最低。如果本來並沒有差到極點，就不要放大父母的一些失誤，不要在抱怨、怨恨中賠上一生。

身為成年人，我們都擁有寬容、原諒和自癒的能力。畢竟，我們終其一生，都是要為自己負責。

有一段我非常喜歡且收藏了很多年的話，出自名作詞人張

暢的作品：「少年真正成人的那一刻，大概就是，對於你的家人，你會時不時惦記，想念，渴望從他們那裡得到撫慰，害怕他們哪天離開人世——他們成為你夢境的常客，內心最柔軟的部分；你卻無比清楚：縱然愛他們，卻再無法同他們心無芥蒂地談論，或長久地生活在一起。」

年紀越大越發現，跟父母講分寸，保持點距離，其實是用更成熟的心態跟父母相處。所以你看，越來越多的子女雖然還沒結婚成家，但也搬出來獨居，週末回爸媽家團聚。

這並不是親情的疏離，而是隨著年紀的增長，愛的形式也在變化。各司其職，互相尊重，又各得其法，擁有自我，才是最舒服、最不消磨愛的相處方法。

**Q** 10 個繞不開的人生問題／9

# 怎樣才能擁有人生的主動權？

特特的答案

如果你一直在權衡，一直在退縮，
那麼你註定會一直忿忿不平，一直悶悶不樂。
不要給自己的害怕戴上「謙讓」的高帽，
不要被「不好意思」困住了手腳，
更不要因為聽信「是你的跑不了，不是你的留不住」，
而失去本來可以留住的東西。

所有你主動去做的事情，都會滋養你，
所有你被動承受的事情，都會消耗你。

想要就去賣力爭取，
不模糊態度，不敷衍自己，
不沉溺在彆扭的小心思和各種小情緒裡。

請在右頁寫下你的答案

# 莫欺中年窮

前幾天在通訊軟體群組裡,看到有人抱怨老闆對他不好。怎麼不好呢?原來是他畢業後一直在這家公司工作,眼看著這兩年年紀更小的學弟學妹們進入職場,可老闆還是沒有想提拔他當主管的意思。他每天還要和「90後」一起上下班打卡,出差只能報銷高鐵普通車廂的座位。

他說自己也算兢兢業業工作了5年,沒有功勞也有苦勞吧!他發了大段大段的文字,卻沒有一句在說自己這些年做出過哪些成績。群裡久久沒有人接話,我默默刪除了群組對話視窗。

在這個商業社會裡,只有功勞才會產生價值。苦勞如果沒能轉化為功勞,那它就白白浪費了時間,不是嗎?

以前的通訊軟體個人檔案上寫的是「莫欺少年窮」,經過多年努力奮鬥,現在可以改成「莫欺中年窮」了。

上學時，我們對優秀學生的評價標準至少要有一項成績是名列前茅的吧！你說你刻苦，你說你尊師重道，最後成績平平，獎學金還是不會給你啊！上班後，你每天七點半就到公司打卡，汲汲營營看似工作了一整天，晚上下班後吃完飯還在家裡繼續加班。你是很辛苦，可月底的時候，你沒有業績，也沒有維護好客戶，這苦勞的價值又在哪裡呢？

　　這是一個以成果論英雄的時代，更是以成果檢驗一切的時代。

　　職場不是存錢筒，20 歲拼命往裡塞，30 歲開始躺著花。20 歲有 20 歲的努力，30 歲有 30 歲的勤奮，你不能 30 歲的時候邀 20 歲的功。在職場，沒有人會為你的資歷買單。

　　所有的理解都基於一個前提：用努力爭取更多寬容，用能力說話，這就是職場的規則。

　　如果你過去 29 年沒有努力，那 30 歲的時候也不會有奇蹟。

　　職場中，沒有應該升職的年紀，只有配不配升職的人。你沒有功勞，談苦勞是沒有任何意義的。

　　工作這幾年，和朋友聊得最多的就是薪水和跳槽的事，湊在一起聊一聊年終獎金，再聊一聊年後要去面試的新公司。

年輕一點的時候，我們總覺得這個世界不夠好，配不上自己。自己有無限活力，無堅不摧，可以去試錯，可以去創造。

可是慢慢的才發現，是我們弄錯了。這世界有太多你不知道和做不到的，以我們努力的程度，遠遠配不上自己想要的世界。

年輕人換幾份工作，跳槽、辭職都沒有問題，但不要盲目「寵壞」自己。總聽到有人嫌工作太無聊、沒意義。所有的事業一開始，都難免是無聊的。有的人冷板凳坐不下去了，換了一座又一座廟，還在坐冷板凳。而有的人，鐵了心要把板凳坐穿，要在一個地方幹出點成績來。

再厲害的醫生，剛入行也得每天去巡房；時尚雜誌大主編，都是從在樣衣間摺衣服開始；大公司的 CEO，或許都有過當助理的激情歲月。世界上沒有絕對的好工作或壞工作，越是看起來平凡的工作，越是被大家輕視的工作，也許越有機會做出一番成績。

沒有艱苦的、枯燥的、無聊的、重複的、看似毫無意義的日常事務的沉澱，也就沒有你後來沉著、耐性、堅韌與毅力的成熟品質。

這些都是力保你未來面對大江大河，勇闖虎穴龍潭，九死

一生仍能凱旋的重要品質。坐過冷板凳的人，大多擁有超強的韌性，這種韌性，能保你在經歷折磨、消耗、痛苦時，內心不會喪失堅定的勢能。

允許去嘗試和改變，但你要想清楚每次離開，是因為自己選擇離開，還是因為不想承擔而離開？這很重要。

正值大好青春的你，可能覺得還有大把時間可以揮霍，機會很多，未來光明，該完成的工作推到明天，該學習的技能推到下個月，眼下只顧及時行樂，看看短影音，給這個點讚，給那個評論，買買買，推推推。等到歲月把你推到 30 多歲時，你每天睜開眼大概就是房貸、車貸、信用卡還款日和這個月還沒完成的業績。

沒有無緣無故的高薪資，它的背後必然是你更多的付出，是你在職場裡每時每刻為自己爭取的重要位置。工作是安身立命之本，也是自我價值的體現，認真一點別敷衍，因為到頭來敷衍的還是你自己。

你的本領，對應著你的工資和年終獎金。只有那些專業又格外勤奮的人，才能拿到體面的收入，才能擁有更好的未來。

# 成年人說話要帶腦子

身為帶腦子出來行走的成年人，行為和言語不讓別人感到不愉快是基本素質。

與人相處久了，就會發現識趣很重要。仔細想一下，我們身邊都有那麼一種人，無論別人做什麼，表達什麼，不思考跟對方的關係親疏，總要自以為是評論一番。大到人生抉擇，小到穿衣吃飯，都要發表一下意見。

你要是分享了男朋友送的禮物，他會說：「女人經濟要獨立，不要什麼都靠著男人。」

你換了件風衣，塗了口紅，他必定會陰陽怪氣：「這是要去相親吧！」

你說自己不吃魚，他就會給你一句：「那是你沒吃過好吃的。」

你感冒頭痛趴在桌上小憩，他認定你昨晚去了酒吧！

諸如此類，你也說不準他們是閒著沒事，還是古道熱腸，反正他們就是要讓你心煩不悅，而且根本不會對自己說出的話負責。留我們心裡只剩下一句「滾」，在心底翻騰不已。

我們應該明白，或許別人可以忍受你的嘰嘰喳喳，忍受你的放縱不羈，甚至可以原諒你的無端猜測，但沒有人會對你的無知無禮毫不介意。

千人千樣，因立場不同、所處環境不同，人們很難明白對方心中真正的感受。何況每個人都有自己的故事，每個人都是自己故事裡的主角，不管故事是平淡無奇，還是曲折坎坷，如果沒有按別人生活的路徑走過一遍，其實根本無法理解別人現在的行為。

懂得自己在他人心中的分量，懂得察言觀色，懂得適可而止，也懂得自己想要的是什麼，合理索取，不過分，不矯情，不歇斯底里。這不是什麼八面玲瓏、油滑處事，而是把每一個交流的人都放在了心上，並去尊重和善待。

人際相處成敗關鍵在「度」，這度其實就是識趣。年輕的時候，再多的誤會我們也願意用盡力氣去解除，去問一句「為什麼」，大不了吵一架、打一架、哭一場，也就和好了。長大以後不一樣了，我們的精力和時間有限，我們再也不願意被人

無故冒犯，也不願輕易和解。

　　懂距離、知分寸，才能長久。這距離和分寸不是疏遠，也不是冷落。唯有把握好距離和分寸，我們才能尊重自己在意的人，才能安穩妥善地保護好我們之間的感情。

　　很多時候，我們的嘴需要一個收回功能。人與人之間，總是很難把握好度。這個度關乎情商，關乎敏感力，稍不留神過了界，會讓彼此都覺得不爽。所謂的「說話記得帶腦子」，大概就是這個意思吧！

　　識趣的人，常常能恰到好處地處理人際關係的臨界點。相反，如果一個人缺少了識趣的敏感力，說話處世少根筋，不掌握尺度，就易惹人生厭。

　　做一個有趣的人的確很難。做一個識趣、懂點事的人，沒那麼難吧！

**自 癒 自 樂 方 案**

# 又不開心了

不開心的時候,你會做哪些治癒的小事?

## 被愛的人，不會皺巴巴

一個人有沒有遇到真愛，看他最近的臉色就一清二楚，如果他印堂發黑，兩頰無光，不是撞鬼就一定是愛錯物件了。

被對的人愛著，他一定希望看到你發自內心的笑。他會因為不想看見你難過，選擇讓步和妥協；會包容你偶爾的小情緒、小任性；會在你受委屈的時候，努力為你多做一些事，讓傷害減少一些。

世界上沒有不會哄人的戀愛對象，只有不夠喜歡的感情；沒有不能改變的原則，只有不願為對方花心思的敷衍。

不要去愛那個本來就很美的人，而去愛那個能使你的世界變美的人。

我們嚮往美好的物件，甚至為了他甘願消磨自己的人生，

為了得到對方，我們不斷地放棄，斬釘截鐵地放棄，最後連自己也被放棄。卻不知道，真正的愛情，並非以一方的犧牲為成全另一方的條件，而是攜手共同看見更美的世界，探索未來的風景。

我們必須選擇釋懷過去，忘掉那些曾辜負你一片真心的人。愛情這件事，勉強不了，住不進你心裡的人就放他走，你走不進的世界提前先掉頭。釋懷了過去，才能有清醒的意識找到下一個肯為你付出真心的人。

當你愛對了人，他會明白你的喜怒哀樂，他能深諳與你的相處之道。他明白你的脆弱與敏感。當你身處這樣的愛情之中，你會像個孩子一般時刻充滿好奇和動力，你似乎看見了新的世界。你重獲樂觀的心態去面對生活，不再孤身一人，也不需要為誰徹夜流淚。

你要做的就是在甜蜜的生活中讓自己過得更加精彩，並且相信著，當你感覺自己越活越年輕，毫無疑問是愛對了人。

真正喜歡你的人，無論你是哭泣、微笑、皺著眉，或是假裝生氣，他都會喜歡你，只要是你的樣子，他都會收在心底。我們一直不斷尋找的，不過就是這樣一個永遠都會原諒你、寵著你的人罷了。

其實真正的幸福沒有標準定義，只要笑容比眼淚多，你就

找對人了。

　　一個人過得好不好，有沒有被愛、有沒有被呵護，看臉便一目了然。表情不會騙人，妝容不會騙人，舉手投足間的狀態更不會騙人。

　　好的愛情會讓人光鮮亮麗、光彩奪目，不好的愛情會讓人形銷骨立、面容枯槁。有沒有愛對人，真的只要看你的臉就知道。畢竟好的愛情，是情人之間的全效面膜，對吧？

　　年紀小一點的時候，我們理解的愛情，是天雷勾地火，是不死不休，是相互糾纏。

　　長大後才發現，真正對的那個人，應該有勢均力敵的氣力，讓彼此看到生活的平靜與欣喜。

年輕的時候，

如果感到寂寞或者喝酒喝到脆弱，

會忍不住給喜歡的人發「我想你了」。

年紀大一點，哪怕心中有喜歡的人，

也不會輕易給對方發消息，

最多跑去對方的動態貼文下面按個讚。

極致的心動是限量的，

或許你已經用掉這次機會，

或許這輩子也用不掉。

# 「祝你」找到一個有錢的男朋友

你可以「希望男朋友有錢」，這沒有什麼錯，但「寄望於男朋友有錢」這個念頭勸你趁早打消。想要在感情裡坦然接受兩個人的經濟互動，最好的選擇還是做各自都很有錢的人。

一定會有人說，沒有錢難道就不談戀愛嗎？就沒有真感情嗎？

當然不是，你可以說錢和愛毫無關係。約會的時候吃米其林或者吃路邊攤，快樂指數以及荷爾蒙的量都很高。但我仍然覺得，哪怕是在跟錢最沒關係的愛裡，有錢也是好的。

沒有經濟基礎的熱水是涼得很快的，不愛你卻願意為你花錢的傻瓜是不存在的。要知道，小孩子才做選擇，成年人是「我全都要」。我寧願你貪心一點，兩者缺一不可。

而這，並不能影響你成為一個對賺錢絕不馬虎的女孩，女孩子不自己試一試經濟獨立，就永遠不明白經濟獨立有多爽。

賺不到高級原料烘焙的麵包，那普通一點的塑膠包裝麵包也是一樣香的。

還記得那部美劇《了不起的麥瑟爾夫人》嗎？

以 20 世紀 50 年代的美國為背景，講述這個讓人看著就心情很好的精緻的話匣子小姐 Midge，從來不想讓自己的人生出現任何的失誤。不過很可惜，她人生中的第一個大失誤，是婚姻。眼看著自己規畫好的人生就這樣轟然倒塌，她沒有被擊垮。被甩後，Midge 在機緣巧合下走上脫口秀表演之路，展現了她逐漸獲得精神獨立、找回自我，並殺出一條血路的過程。

這部劇引發出一個古老而現實的命題：如果一個女人完全依靠另一半而生活，這段感情究竟能夠走多遠？

你懶得去自力更生，懶得去自尊自愛，於是乾脆一歪，全憑運氣靠到誰算誰。生活多殘酷，你怎麼可能永遠躲在另一個人的羽翼下，只索要寵愛呢？

退一萬步講，就算你有灰姑娘的美貌，去參加王子的晚宴，總要有錢先給自己買一雙水晶鞋吧！畢竟灰姑娘的水晶鞋可不是王子準備的。

我在每一本書中，都不厭其煩地說「女人不要等著被男人養」，其實並不是被養這件事好不好的問題，也不是別人如何

看待你的事,而是「等待被贈予」的心態會耽誤女人的人生。

現實生活中的我是個非常容易悲觀的人,我不可能持續保持元氣滿滿的狀態,時常會有堅持不下去的時候。此時一個包包,一條裙子,一支書寫流暢的鋼筆,甚至是一套做工精良的化妝台,都能讓我在靈感跑光光、編輯在催稿、週末要加班時,也能夠抓住一點點的曙光和希望。

當我的經濟狀況能滿足我自己,我在收下名牌手鍊的時候,根本不會有被對方認為是「做作」、「拜金」的擔憂,更不必在收到他送來五位數禮物的時候,表現出誠惶誠恐,每天想這「人情」該怎麼還。

我們生活在一個現實的世界裡,而這個世界最現實的一條法則就是,沒有一樣東西不需要你付出代價。未來難有坦途,依靠自己的能力得到該得到的,總是會讓人挺起腰桿走得瀟灑一點。

反正我心目中的理想狀態,就是我和我的男朋友都擁有賺錢的能力。我們不糾結這頓飯是誰買單,不較真這個月誰開銷更大,心平氣和地過想買什麼買什麼的生活。

想想就覺得太好了,不是嗎?

有些「天生好命」的東西

或許我們永遠也不會有，

然而正是在這些「得不到」

和努力「有所得」之間，

我們確立了自己在這個世界上的位置。

# 別當軟柿子

一個人所有的懦弱和膽怯都是在懲罰自己,所有的雞湯、雞血、大道理,歸根究柢不如大聲拒絕。

我也曾經是個「脾氣特別好」的人,用「好」形容並不準確,準確來說應該是「膽小」。邁出一步前先腦補種種的可能,猜測別人會如何看待我,會不會損害我在別人心目中的人設,等等,活得沒勁且恐懼。旁觀好心者或許會誇一句恬淡如水、與世無爭,而我自己卻心知肚明,像是一隻小白兔似的戰戰兢兢、如履薄冰的我,過得一點都不開心。

我從未刻意學習過如何變得強硬,不過是在成長中栽進一個又一個坑之後,才明白,人要學會保護自己。這保護有時是默默無聲的,為自己積存能量,但有時它必須靠吼。

我不是要鼓勵大家去吵架,去做大街的「潑婦」,我只是透過自己身上的經歷去思考,人可以善良和適度寬容,但不要

當軟柿子，遇到不合理的對待就要為自己的權益據理力爭。

別輕易辜負自己，你要勇敢為自己發聲，說「不」，說「我需要」，說「我不願意」。

沒有人願意耗費精力去做凶巴巴的人，只是很多時候，我們乖巧溫柔得體地去表達訴求，未必可以得到真誠的回應，事情也未必能很快地解決。
這個時候，姿態稍微強硬一點，雖然是無奈之舉，不過往往能解決問題。我只是不想，當你面對生活的阻礙時，過於在意面子和膽怯，從而讓自己委曲求全。

這世上從不缺善良，缺的是原則。如果你總是被欺負，那麼你該反思自己，是不是一個「被動內疚」的「爛好人」。
心理學家霍夫曼解釋過何為正常的「內疚」：「當一個人主動傷害了他人，或違反了道德準則，而產生良心上的反省，並且希望對行為負有責任的心態，這是內疚，是正常的。」

不正常的是，對於爛好人來說，他們往往過於關注他人的感受。對他們來說，「拒絕幫助別人」就和傷害他人沒有區別，從而引發強烈的內疚。將別人的情緒、感受放在第一位，任憑自己平白遭罪。

不給別人提供幫助，就要背負惡人的名聲嗎？

請你記住，人善被人欺。如果收起你身上所有的刺，你只會被人處處拿捏，被踢得老遠。展示你的原則與力量，別人都會知道你不好惹，反而對你肅然起敬。

沒有人會真的喜歡「中央空調」。真正有吸引力的人，都是擁有堅定態度的人。我們都只會因為能力而得到工作，只會因為專一而得到愛情，也只會因為交付真心而得到友情。這寶貴的一切，都不是用怯懦的善良獲得的。

實際上，沒有人會因為你的硬撐而理解你。那些不珍惜你時間成本的人，為什麼要一再遷就他們？

**真正的善良不是無知地一昧付出，對別人善良之前，要先對自己善良。**

要有自己的原則和底線，一旦事情超越自己心中定好的那條線便及時地克制，過度的善良只會害人害己。

有些人不敢拒絕他人，而有些人卻是不會拒絕他人。拒絕他人需要一定的技巧，有時需要簡單直接的方式讓對方死心，而有時也需要採用婉轉的方法使對方好接受一些。

拒絕雖然會讓人失望，婉轉卻可以將失望降到最低的限

度。它既沒有讓他人覺得很不舒服，也能夠讓對方理解你拒絕的原因。在你確實不便幫忙時，直接拒絕是最有效、最正確的方式。

當我們剛硬地對待這個世界時，這個世界突然變得溫文爾雅了。你堅硬無比，立場鮮明，世界反而會對你溫柔以待。

他人對你的尊重，從來不是因為你的順從。真正愛你的人不會因為你的直率而疏遠你，不懷好意的人卻可能利用你的善良傷害你。

當你有原則、有底線、有立場、有主見的時候，他們反而會尊重你、遷就你。

人啊！還是要能縮能放。脾氣這東西多不得，一點沒有也是萬萬不可的。該得體的時候必須得體，該理直氣壯維護自己的時候，半點都不要怯懦。

因為心怕苦難，它更怕委屈。

**Q** 10 個繞不開的人生問題／10

# 是不是只有情緒穩定，才是一個合格的大人？

**特特的答案**

隨著發瘋文學越來越流行，
或許大家已經意識到，比起情緒穩定，
更重要的是看見自己的情緒，並感知情緒，
知道它是憤怒、悲傷或者其他任何一種情緒，
告訴它：我知道你在那裡，我與你同在。

被壓抑的情緒是不會消失的，
它只是暫時被掩蓋了起來，
將來的某個時刻，會以更洶湧的方式襲來。

每一種情緒都是合理存在，都是重要的。
接受情緒是流動的，
接受每個狀態下的自己，
才不會生病，才是情緒自由。

**請在右頁寫下你的答案**

真正的獨立不是故作高冷，
讓人難以接近，
而是人格的完善，
是既有賺錢的能力，
也能安心享受被照顧的感覺。

你一路上摸爬滾打，
是為了得到成長和愛，
你變得那麼獨立，
可不是為了沒人疼。

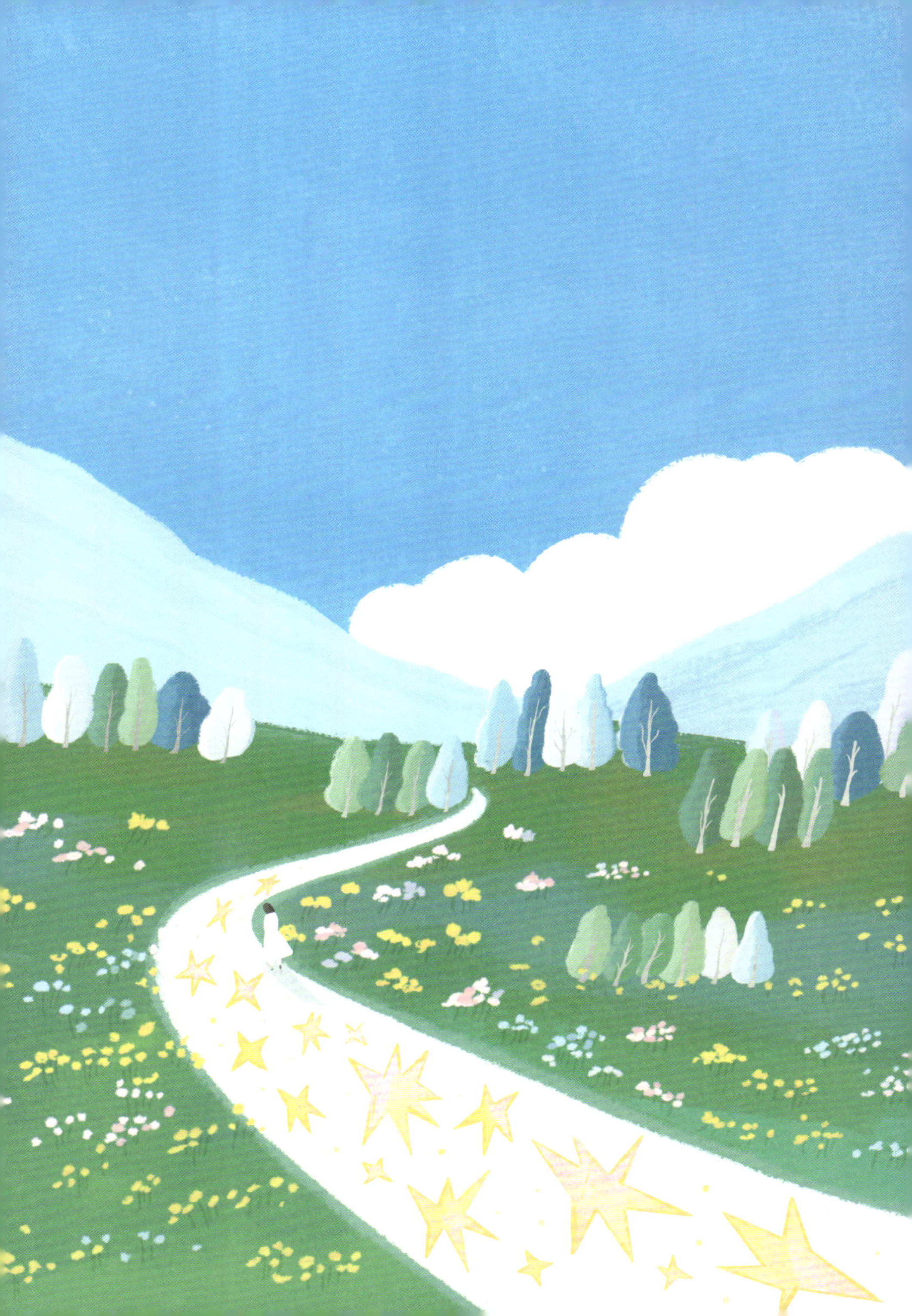

# 性格敏感

過於敏感的人彷彿全身都是引爆點,不知道碰到哪一條線就爆炸了。不光在愛情上吃虧,工作上、生活中,也會受到影響。

我本身也是性格敏感的人,但也正是敏感,讓我感知了更多生活的細節,幫我更好地體驗情緒,與別人更好地溝通。每當我遇到讓我沒有安全感的事情,在每一個傷感和擔心搞砸的瞬間,我就會這樣告訴自己:「沒關係,就當是積累寫作素材了。」

事實證明,每一次心情跌落到谷底的時候,我都會用文字一點點記錄下自己每一秒的感知,回頭看,很多我喜歡的、會反覆讀的文字,都是一次又一次細小的心碎換來的。

這個過程並不愉快,更不舒服,但我必須承認,這是性格敏感帶給我的獨特的財富。

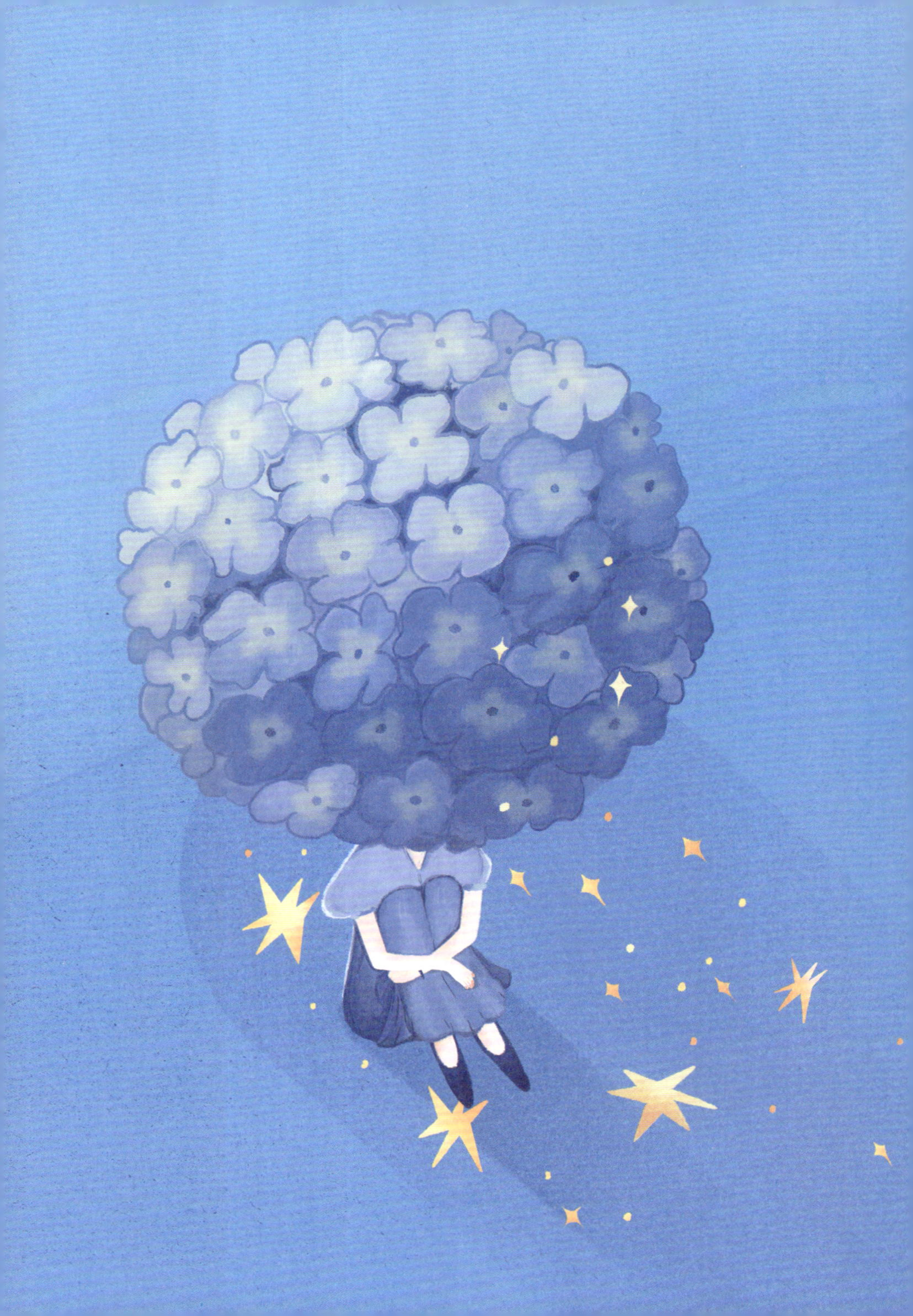

性格上的事，沒辦法說它是對是錯。不是所有敏感脆弱的人都可以做到，但心碎的確是一種獨特的力量。可能敏感脆弱的人才會明白，眼淚也是一種意義。

　　我一直相信，老天給了我們敏感這份獨特的天賦，一定是希望我們懂得一些道理。
　　多關注自己，少在意別人。人性最特別的一個弱點就是，在意別人如何看待自己。當你敏感、脆弱、無助的時候，你就會選擇以更加低姿態的方式去委曲求全，去留住可能會離開你的人，也會更在意別人對你的看法。然而你回頭想想，你放低身段後，真的留下過想要的嗎？

　　別人隨便說的一句話，你能當真好久。這樣的人，最大的問題就是花在自己身上的時間太少，花在別人身上的精力太多。

　　而且，其中很大一部分人，並不是你努力討好就會領你的情，通常只會讓你更加失落，甚至後悔不已。
　　其他人的看法和意見，大多是無用的、無意義的，別把用來提升自己的時間，浪費在不重要的人和事上。多關注自己，多愛值得的人，少和無足輕重的人糾纏，生活才能好起來。

你喜歡的人說話的聲音稍微大一點，你就感到不舒服，內心戲就開始上演了，他是不是不愛你了？是不是你哪裡做得不對……？其實，每個人都有控制不好自己語氣和態度的時候，他可能只是心情不好，只是壓力太大。

　　想太多，心情會生病，你的心態控制不好，對方也會感受到無形的壓力，他也會變得不快樂，他不能總是來幫你處理壞情緒，很多事情，需要你自己去解決。你的極度敏感和患得患失，只會讓兩個人的關係更糟糕。

　　一個人在意的事情太多、知道的事情太多、體會到的事情太多是會很累的。不要把太多的想法、太多的事情放進腦子裡，糅進情緒裡。


　　你只有一張來人間的體驗卡，別浪費在沒意義的事上。我們需要學會的，不是如何避免性格敏感帶來的傷心，而是如何在失落中找到意義，並且把消極轉到積極的那一面。

哭的時候,

大腦會分泌腦內啡以減少你的痛苦。

這就相當於你的大腦,

輕輕地拍著你的背說:「沒事沒事,一切都會好起來的。」

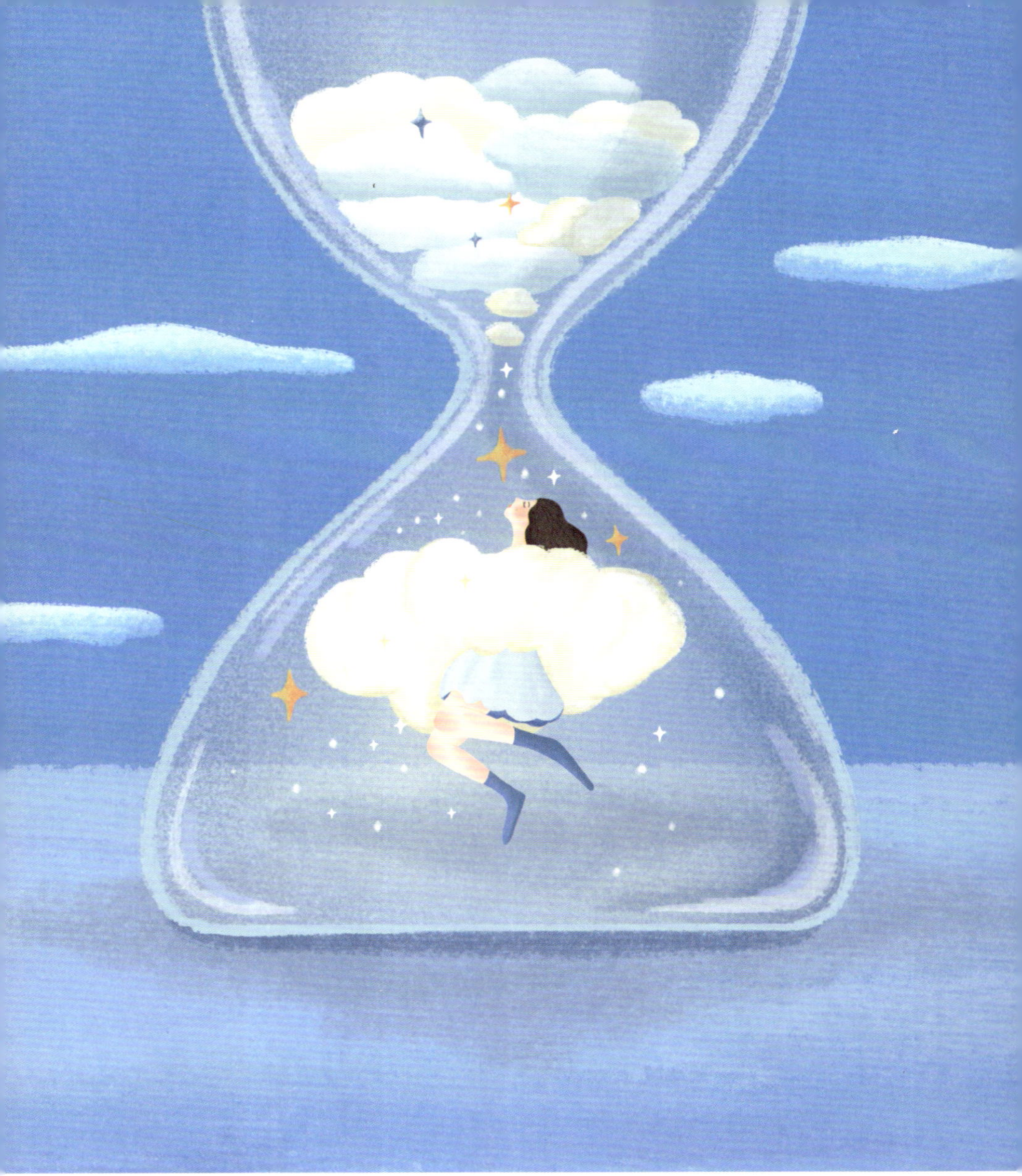

自癒自樂方案

# 迷宮

今天還好嗎？有被情緒左右嗎？
走出這個迷宮，忘掉今天的不快樂吧！

237

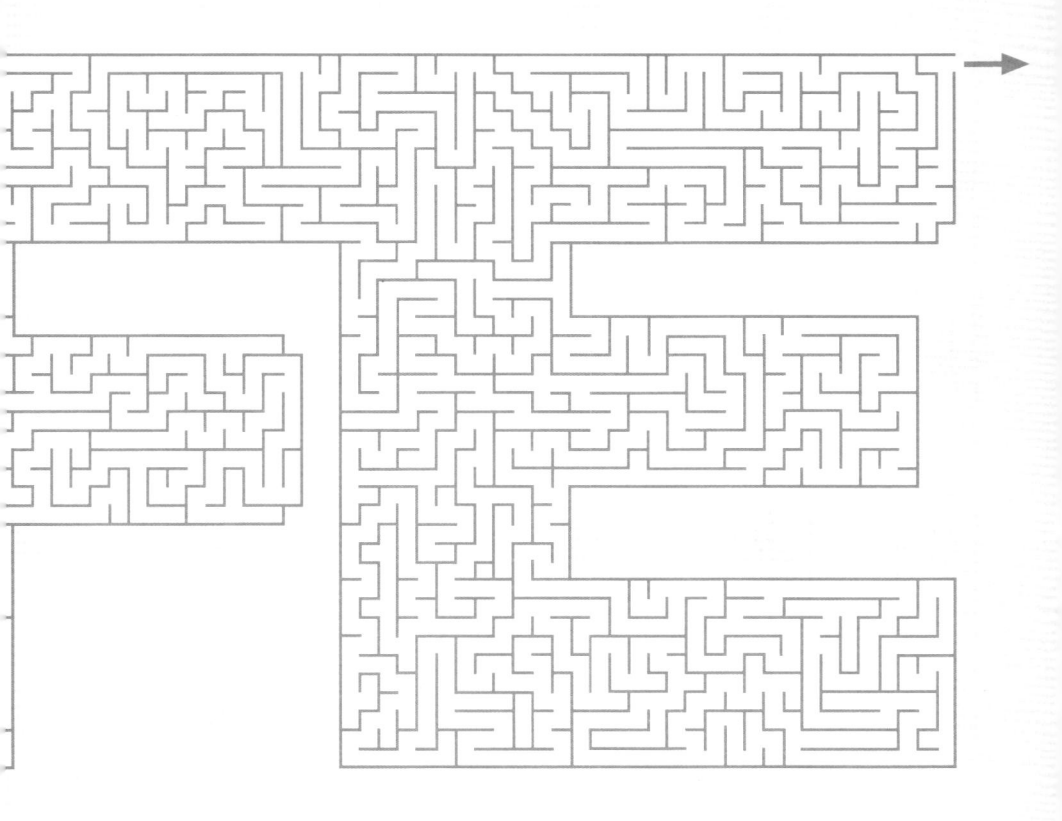

◆ 自 癒 自 樂 方 案

# 迷宮的 N 種解法

永遠把自我感受置頂,不受任何新舊規則的定義,
熱衷體驗,保持奇怪,誰愛誰,管他的呢!

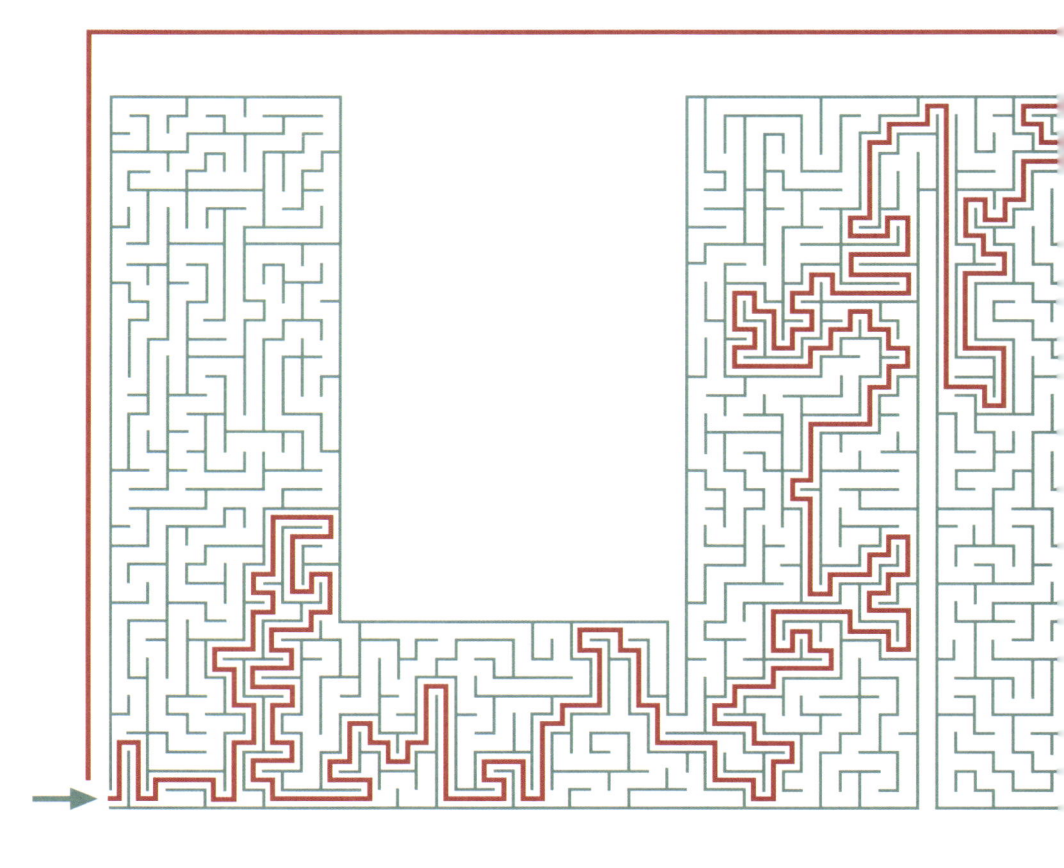

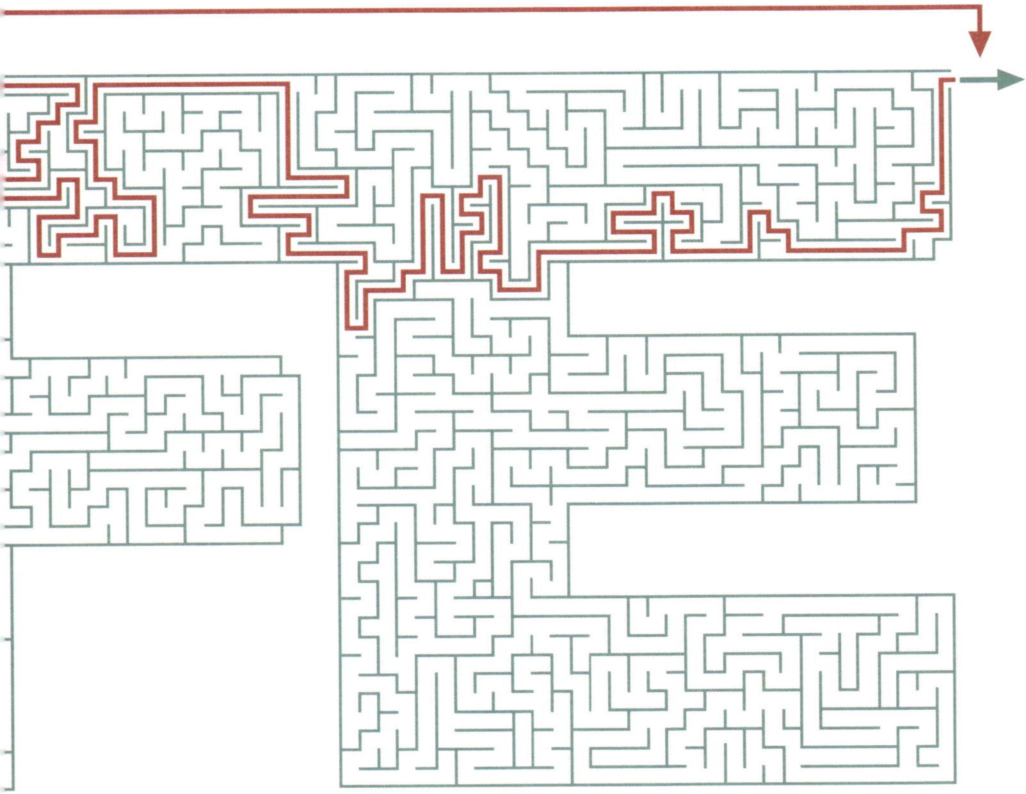

## 多出去走走

如果有一天,讓你心動的再也感動不了你,讓你憤怒的再也激怒不了你,讓你悲傷的再也不能讓你流淚,你便會知道時光給了你什麼,也會明白你為生活付出了什麼。

在這樣的時刻,出去走走吧!這樣,在我們垂暮之年,才不會覺得生活的記憶如此貧瘠。當有一天回想起那一路的遊歷奔波,能讓你想起的不會是旅行的孤單和漫長,而是波瀾壯闊的海水和天空中閃耀的星光。

曾讀過這樣一段話:「所謂活著,就是大花長裙,是大博物館,是吟遊詩人,是天涯浪子,是街頭作曲家,是榴槤的香味,是虔誠的禱告,是絢爛五彩的夜幕,是明媚的日光浴⋯⋯」

所謂活著,就是遇見一切回憶起來美好的人和事。

雖然有人說,旅行就是從我們活膩的地方,到別人活膩的

地方轉轉,那又怎樣?

千里迢迢從一個熟悉的人山裡擠到另一個陌生的人海中,我們會驚喜地發現原來冬天來了不是所有的樹都會凋零,原來鹹豆腐和甜豆腐一樣爽口開胃。我們會滿心歡喜地猜想,地鐵裡那個一路微笑看著手機的男人,他是不是正在和新婚的妻子即時回報歸家的路程。

去了很多地方,發現這個世界充滿著你不能理解的人和事,但又充滿著不可思議的善意和美好。無須刻意去討好誰,你會真心覺得每個人都不容易。

我們一路追逐的,原來只不過就是這世界上最美麗的風景,內心最平和充盈的狀態,以及那些人性當中最閃光的美好品質。

那些經常出去看看的人,可能下午還在城市裡一家書店當文藝青年,晚上就在飛往倫敦的飛機上;可能剛在郊區的某座石橋上發了一句「莊生曉夢迷蝴蝶」,轉眼便在異地品嘗當地美食。

他們自然地在人群中散發不一樣的氣質,溫和卻有力量,謙卑卻有內涵。會講究,能將就。能享受最好的,也能承受最壞的。品得了紅酒西餐,嘗得了路邊麻辣燙,住得了卓越五星級飯店,也睡得了帳篷睡袋。能穿著高跟鞋優雅地穿梭於都

市,也能背著幾公斤的相機漫步世界。看透了世界的糟糕後,依然憧憬美好。

一個人的行走範圍,就是他的世界。我始終相信這句話。

所以,任何人都不能定義你是誰,你的氣質裡藏著你讀過的書和你走過的路。到過那麼多城市,遇到過那麼多人,貧瘠的內心世界逐漸變得豐富起來,言談舉止散發出迷人的氣質。你的底氣來自你對自己和這個世界的熱愛。

歲月殘酷不饒人，
但願你也不曾饒過歲月。

## 一個有點土的祝福

如果只能選一個祝福送給你,我希望你擁有屬於自己的房子。

我曾經也是「城市租屋族」的一員。

兩年搬了 4 次家,每一次搬家,都是對體力、智力和內心承受力的暴擊。

比如打包時的無助,打完包發現還有一個抽屜的東西忘記收;抱著箱子爬樓時覺得自己宛若超人,箱子突然破掉,東西撒了一地,立即覺得「我不如死了算了」;兩個背包,一個前背,一個後背。左、右手各一個大行李箱,右邊行李箱的輪子還有一個不順暢。還有,被租屋小廣告騙,被仲介坑,被房東黑……

我是那種後知後覺的女孩,那時候我對生活和未來可以說

是沒企圖心。雖然每次搬家都是合租，要和人共用天花板，但也算有個家了。

租房期間，我還在 IKEA 買了一盞很好看的布罩落地燈，在網拍買梵谷的《星夜》的仿製品。

我第一次對房子感到不安，就是合租的姐姐準備搬走結婚了。房東說給我兩個選擇，要麼我也打包搬走，要麼我就租下整間房子，至於我會不會轉租另一間房，他不干涉。

我看了看帳戶裡的餘額，決定另找房子。

我以前從沒想過我會因為房子而沒有安全感。

不知道是否有很多人會和我有一樣的感受：年輕時憤世嫉俗，對金錢嗤之以鼻，但到一定的年紀，遇到一些事後，就真的會因為沒有房子而感到恐慌。

那時候我開始明白，買房和高考一樣，是我人生路上不得不面對的事。想跑？沒門！

2016 年的元旦，我結束了多年的租房生涯，搬進了真正屬於我的房子。

沒有親人朋友來熱鬧的場面，只有我端著一只新鍋，旁邊跟著小狗卡卡。聽說在鍋裡放上大米和橘子更吉利，我又跑下樓買了 7 個橘子放在裡面。我在沙發上躺了許久，環顧這個還

有很多東西需要添置的家。我心裡像是有什麼東西，突然就落了地。感覺整個人變得踏實，不慌，不懼，不膽怯。

**伍爾夫曾經說過：**「女人的獨立是從擁有自己的房間開始的。」

很多人並不是不知道一套屬於自己的房子有多重要，但就是下不了決心。買整間？感覺自己被掏空。貸款買？背了債，還房貸，生活品質必然無法保證。

我也有過這段心理鬥爭，存錢太辛苦，平時要花錢的地方那麼多，放棄哪個都有點不舒服。但我還是想說，當你擁有自己的房子，不管這一天多疲憊，即便是遇到暴躁的老闆、推責任的同事、無禮的賣菜阿姨，你站在樓下，看到那麼多的窗戶裡映出的燈光，你知道其中有一盞是屬於自己的，爸媽就在那裡，你養的貓貓狗狗就在那裡，你的戀人就在那裡，廚房裡的湯鍋「咕嚕咕嚕」地響著，排骨湯的香氣即使關上門也藏不住。推開門，就有人笑著對你說：「回來啦，洗手吃飯。」一想到這些，你就會忘掉惡意，原諒這世界的不美好，心裡就會格外踏實。

買房後，女性不必為了找個棲息之所而結婚，不必忌憚沒有容身之處而委身於痛苦的婚姻。或許有天愛會走，人會散，但是房子，風雨不動，永遠在那裡等你。

後來有人問我:「你有沒有覺得買房是一件很酷、很了不起的事情呢?」

「並沒有,我只是不必在去廁所的時候,擔心裡面有人;不必在夏天因為穿睡衣在客廳走動而覺得難為情;不必顧慮打擾到別人而整日把狗狗關在一個房間裡。我更自由了。」

「那你買房的勇氣是從哪兒來的?」
「買房需要勇氣嗎?買房需要的是錢。」

買房不一定是所有人的必修課,若有能力,就為自己添置一個家。它能帶給你的,遠比你想像的更多。若還未能得償所願,那就加把勁去獲得有一天可以達到目標的能力。

**不管是賺錢還是買房,最終我們想要的,都是好好生活。人生大事,人間冷暖,大多都跟房子有關。你現在可以沒有屬於自己的房,但你不能沒有買房的意識。**

至於為什麼把這篇放在最後,因為這個祝福,確實又土又老氣,卻又不得不說。

### 自癒自樂方案

## 做一個很棒的人

### 寫下自己的優點

1. _____
2. _____
3. _____
4. _____
5. _____
6. _____
7. _____
8. _____
9. _____

堅持了三年以上的好習慣

1. _____

2. _____

3. _____

4. _____

5. _____

6. _____

7. _____

8. _____

9. _____

見字如面，隔空陪伴

## 21 條閃著光的讀者留言

> 姐姐，讀完你的書，我有了新的夢想。等我大學畢業，我要努力考到出版社當你的編輯。　@ 請叫我昶

> 種自己的花，愛自己的宇宙，在雞零狗碎裡找到閃亮亮的快樂。
> @ 沒 Guan 系

> 我並不愛閱讀，甚至還有一點閱讀障礙。但很神奇的是，我能夠靜下心去讀特特的書，能讓我從浮躁變得安靜。她的文字像是有魔力一般，讓我感同身受，她所描繪的畫面就像發生在我眼前。看《你並非一無所有》中收到前任結婚請柬的豆豆，看《這世界很好，但你也不差》中的〈我挺喜歡你的，但這事過去了〉我竟然看哭了，哭得稀裡嘩啦，文字可以擊中心臟，我真忍不住。
> So，我很喜歡萬特特，她很可愛，文字也超治癒的，在我迷茫的時候給我帶來了光。感謝遇見，未來還要相互陪伴一年又一年。　@ 雪梨

> 小萬小萬，萬事勝意。　@ 建的煩心事

> **2023** 年新年假期讀完的第一本書，是你的《這世界很好，但你也不差》。讀起來很親切，像是一位原本認識很久的朋友與我娓娓道來。謝謝你的文字，讓我由內滋長著力量。祝好，新年快樂！
> @AriesBeller

> 看完你的書，感覺被治癒的同時，又有了新的生活動力，下個目標就是一定要擁有一個屬於自己的房子。　@ 迦藍 Bunny

謝謝你的陪伴，你的書就像某時某刻陪在身側的好友一樣。被治癒、被疏導，也被拯救，在自己每個不開心的時刻。我想，就如同姐姐的文字所描寫的一般，我們在自己的生活中，無比真實也無比幸福地一直向陽而生著。我學會了接納包容自己，不再羞恥地認為做自己是一件自私的事情。　　@ 畢夕 _et

　　「這世界上的女孩子，無所謂美醜，皆是花朵。」這句話治好了我的容貌焦慮。
　　@ 有趣能當飯吃

　　讀書這件事，讓人不卑不亢，讓人心有底氣。也許什麼都沒記住，像竹籃打水，但是竹籃會越來越乾淨，分得清對錯，講得了原則。文學是另一種慈善，才華是值得被羨慕的天賦。加油。　　@ 高羽

　　我之前一直都很焦慮，會買一些心理書籍來看，發現自己看著看著就會很投入，然後把問題帶入自己身上，就更焦慮了。後來買了一本你的書來看，覺得好溫暖。其實不管什麼作品，只要呈現在大眾面前的作品就會被評頭論足。有看到姐姐回擊黑粉的貼文，哈哈，姐姐真勇敢。希望你以後能繼續做自己，出版更多的作品。
　　@ 小良

　　謝謝你的文字，讓我找到原本的自己。
　　@ 古月

　　從《你的美貌不敵你的熱鬧》到《所謂命運，大多是我們自己的選擇》，再到《這世界很好，但你也不差》和《你並非一無所有》的這七年，我也從畢業求職到工作戀愛。雖然我沒有見過你，但你寫的每一個字都曾陪伴我。今天我訂婚啦，就想來跟你分享這份喜悅，希望特特也快點找到對的人。　　@ 小譚同學

　　2022 年 1 月 23 日，凌晨 1 點……說來不怕笑話，人生第一次自主地完完整整地看完一本書《這世界很好，但你也不差》，這種感覺就像第一次爬上泰山，從此我也是爬過泰山的人了！　　@ 萬丫丫 77

謝謝特特姐給我帶來的力量，每次閱讀你的書都深有感觸，讀著讀著會把自己帶入進去，最後得到釋懷。條條大路通羅馬，路都是一步一步走出來的，不管我們目前怎麼樣，不管未來有多少的未知，我會和特特姐一起勇往直前的呀！特特姐加油！
@PR 无定值

雖然每個人的生活都是一地雞毛碎片，但還是希望幸運之神眷顧特特，能讓特特優雅地舞著小裙子走出來。
@ 小仝 axy

《這世界很好，但你也不差》是外公送給我的生日禮物，喜歡這本書，更喜歡溫柔有力量的作者，加油！
@ 蘇叫瘦

從《這世界很好，但你也不差》認識你的文字，很喜歡，從開始到結尾都在被治癒中，也因此把刪除了很久的社群帳號重新登錄，關注你這可可愛愛又有趣的女孩，也許你不會看到這條留言，但不影響想支持的心。一位 1987 年出生的姐姐留。
@ 木蘭清竹

第一次看姐姐的書應該是四年前，那個時候我才高三，很單純，心智也不成熟。姐姐的書對我價值觀的建立有很大的幫助，也讓我懂得了自尊自愛。大概是去年，又買了三本，看書的心境從以前的懵懂無知變成了贊同和理解，或許這就是成長的魅力吧！
@ 唐唐 Kkk

特特，我也是從《這世界很好，但你也不差》這本書認識你的。我很幸運讀到這本書，在讀的過程中有太多的感同身受，真真切切地觸動了內心。有的時候覺得活著真挺累的，這個社會太多的觀點，太多的聲音，熙熙攘攘，很吵鬧，偶爾也會迷失自己。雖然會經常地反省和思考，但是確實會消耗掉部分精力，這個過程痛苦而快樂。物欲橫流、名譽至上的社會，已經讓太多人麻木不仁，可我並不想讓自己猶如行屍走肉。26 歲的我，平凡的我，也有夢想。某些瞬間，看到周圍同齡人早已有所作為，工作穩定，五險一金，有房有車，內心也曾極度焦慮，甚至是絕望。於是，用了好大好大的力氣平復心情，開導自己，放平心態，走自己的路，將重心放在自己身上。真的蠻多話想和你說，特特，謝謝你，這是我最想說的一句話，希望你一直做自己，是我最想說的第二句話。怎麼形容你的存在呢？於我而言，像是散發柔和氣息的明月。

@ 想要變辣妹的甜妹

　　哈囉呀！特特姐姐。我算是你的新讀者吧！刷影片刷到了這本書，被書的名字和圖畫吸引了。我是高一生，帶著姐姐的書進入了高中。午休的時候我就會看姐姐的書。我以前看書，無論什麼樣的書都是三分鐘熱度，看幾頁就不看了，但特特姐姐的書，我認認真真地看完啦！真的治癒了我好多好多。再後來進了讀者群，經常和群裡姐妹聊天，這讓在現實生活中沒有很多朋友的我，真的很開心。會一直支持特特姐姐的，等過幾年我考上自己理想的大學，給你報喜！嘻嘻嘻，等我有經濟能力就去見你！愛你姐姐！

@ 特特 di 大晴

萬萬，祝我高考順利吧！晚安！
@ 用戶 0014

富能量 0123

# 治癒之書

人生不會完蛋，自癒後的人會長出新的自己！
（百萬暢銷書作家萬特特創作十年感悟集）

作　　者：萬特特
插　　書：阿屿 Isle
責任編輯：林麗文、林靜莉
封面設計：@Bianco_Tsai
內文排版：王氏研創藝術有限公司

總　編　輯：林麗文
副總編輯：賴秉薇、蕭歆儀
主　　編：高佩琳、林宥彤
執行編輯：林靜莉
行銷總監：祝子慧
行銷經理：林彥伶

出　　版：幸福文化出版／遠足文化事業股份有限公司
發　　行：遠足文化事業股份有限公司（讀書共和國出版集團）
地　　址：231 新北市新店區民權路 108 之 2 號 9 樓
郵撥帳號：19504465 遠足文化事業股份有限公司
電　　話：(02) 2218-1417
信　　箱：service@bookrep.com.tw

法律顧問：華洋法律事務所 蘇文生律師
印　　製：呈靖彩藝有限公司
初版一刷：2025 年 4 月
初版二刷：2025 年 4 月
定　　價：420 元

國家圖書館出版品預行編目 (CIP) 資料

治癒之書 / 萬特特著. -- 初版. -- 新北市：幸福文化出版社出版：遠足文化事業股份有限公司發行, 2025.04
　面；　公分
ISBN 978-626-7532-89-8(平裝)
ISBN 978-626-7532-94-2(誠品獨家書衣版)

1.CST: 自我實現 2.CST: 生活指導

177.2　　　　　　　　　114000019

9786267532898（平裝）
9786267532942（誠品獨家書衣版）
9786267532874（PDF）
9786267532867（EPUB）

本作品中文繁體版通過成都天鳶文化傳播有限公司代理，由瀋陽悅風文化傳播有限公司授予遠足文化事業股份有限公司（幸福文化出版）獨家發行，非經書面同意，不得以任何形式複製轉載。

**著作權所有・侵害必究 All rights reserved**
※ 本書如有缺頁、破損、裝訂錯誤，請寄回更換
※ 特別聲明：有關本書中的言論內容，不代表本公司／出版集團之立場與意見，文責由作者自行承擔。